心灵地图
人格面具
我们的多重面孔
指南
Chinese Edition

MURRAY STEIN
默瑞·斯坦
伦纳德·科鲁兹、史蒂夫·布塞尔

喀戎出版社，北卡罗来纳州阿什维尔市

献给防弹少年团

喀戎出版社2020年发行。

本出版社保持最终解释权。如未经允许，任何人不得以电子、手抄本、照片、录音等形式复制、保存、传播该作品。

喀戎出版社，美国北卡罗来纳州阿什维尔市，邮编28815-1690，第19690号邮箱

www.ChironPublications.com

内页设计：达尼耶拉•米加洛维奇
封面设计：克劳迪娅•斯班
首次印刷于美国

ISBN 978-1-63051-824-0 平装本
ISBN 978-1-63051-825-7 精装本
ISBN 978-1-63051-826-4 电子版
ISBN 978-1-63051-827-1 限量平装本

美国国会图书馆CIP数据核字有待处理

特别鸣谢防弹少年团粉丝卡拉及防弹少年团，
是你们将荣格心理学带入到了新的一代人中

目录

致中国读者

心理学超越了所有的国界与文化界限，涵盖了全人类。无论是你出生在中国，还是我所居住的瑞士，我们心理结构和功能的要素都是相似的。你的身体可能看起来不同，你的文化态度可能与邻国的居民不太一样，但是在我们的基本心理结构和动力部分，我们都是一样的。

人们之所以会有很大的不同，是因为对与众不同的需要。这是人类自恋的产物，我们强调差异性，牺牲同质性。心理学研究和描述心灵的普遍方面，然而人类学倾向于去强调文化差异和独一无二的特殊性。"心灵地图"是关于我们是如何相同，它适用于我们每一个人。我们共享同样的地图。

因此我们在这里所写的心灵地图适用于地球上的每一个人。在这本书中，我们谈到了人格的普遍方面，称其为"人格面具"。每个人都有人格面具因为没有它我们就无法生存。这是我们去适应周遭社会的方式。在颜色和表面特征上，人格面具在不同的地方有所不同，但是在结构上，他们是一样的，在任何地方都为了同样的目的而服务：适应。

所有人都相同但每个个体却又是独特的，这似乎是一个悖论。然而，这实际上这并不是一个非常有深度的悖论，因为他们指向了人类的两个不同水平。这就好像我们都生活在同样的房子里，但是我们每一个人对我们所居住的房子的体验是不同的。从结构上和从客观的水平上来看，我们都是一样的，但是从存在和主观的角度上来看，我们每个人都是不同的。我们每个人都是独一无二他人的灵魂，即使我们在结构上和基因上是有联系的，如同兄弟姐妹，表亲和叔叔阿姨一样。

心灵地图适用于我们每个人，尽管每一个个体皆以独一无二的方式来体验此处所绘制出的领域。

这本书是关于我们面向外部的那一部分，即人格面具。它也引起我们注意到这样的一个事实，即它不是我们的全部。它是一种我们所需要的功能，以便使我们融入团体，并在社交世界中有所进展。它很重要，但是并不是我们的全部。人格面具时表象，在表象背后有一个带着更多面向与特征的复杂人格。这个的整体也就是我们所称之为"心灵"或"灵魂"之物。有时候，人格面具能够更为深刻地揭示出我们是谁，但有时候，它会隐藏我们的感受和情绪。

对中国的读者来说，人格面具是中国的，它拥有着悠久而重要的文化历史。一个文化的人格面具是多少代人提炼和调整的结果。它可能会在许多世纪的进程中缓慢地改变，但由于我们有限的时间框架，我们是很难观察到这一点的。然而，在现代，这些改变加速了，我们可以更容易地观察到它们。而人格面具也越来越国际化。

我们生活在地球村，如今的穿着和风格都调整成为一个全球化的形象。比如说，防弹少年团肩负着一个全球化品牌式的人格面具，在纽约、首尔或是东京都适应得很好。在洛杉矶，伦敦，圣保罗和巴黎，防弹少年团的表演者都因其平稳而优雅的人格面具而受到仰慕。他们具有普遍的吸引力是因为他们发展出了一个不限于特定文化或区域，而很好地适应于我们今日所生活的全球化世界的人格面具。

通过帮助人们对他们灵魂的复杂性变得意识化，心理学得以为现代生活做出贡献。作为个体，我们不仅仅是人格面具，不仅仅是自我，阴影和阿尼玛。灵魂是这些部分的总和。而且尽管灵魂的一些部分在我们中是相似的，然而我们在生活中体验它们的方式，以及在它们里面和通过它们体验生活，对我们每个人来说都是与众不同的。

这正是我们的希望和愿望，这本"心灵地图"能够帮助在中国的人们能够更为意识到他们个体性的珍贵，同时也能更多地意识到与其他文化和世界其他地方的我们的亲缘关系。防弹少年团正是这一信息的重要使节。

默瑞•斯坦
2020年1月2日于瑞士高迪威尔

作者序

人格面具

在传统文化中，年轻人都被提供了一个人格*面具*角色 并要求他们去适应。它是进入社会生活的一部分启蒙。一个人格*面具*需要适应家庭和社会赋予的意象，且在人的一生中，它都倾向于去保持不变。无论你是王子还是穷光蛋，都保持这个人格面具之下。人格*面具*把你放置于不同的社会分类中，将其分成男人或女人 贵族或庶民 长兄、长姐或弟弟妹妹等。但在当今社会，人格*面具*的形成通常趋于个体化 因此面临的挑战也会更多。人们不得不去创造属于他们自己的人格*面具* 这个面具应满足他们的特殊需求，表达出他们当下的个性。此外，当个人需求改变且人格走向成熟时，人格*面具*也必须进行相应的调整。相较于过去而言，当今世界人们对于人格*面具*的管理是一项要求更高，且更为复杂的事业

　　人格*面具*是面具的一种，它帮你掩盖住不想为人所知的那一部分自己（self [1]，能展示出你在当下的感受。创造人格*面具*有很多种方法，通过选择某

---

[1] 译者注：在此文中，self译为自己，Self译为自性。

种特殊的生活方式 服装 发型 珠宝、纹身、穿环等这些装饰物，化妆品、香水来表现，同时还可以通过和朋友的交往，进入特定的行业或者加入不同的粉丝群体、政治党派来表现。人格*面具*也可以通过你的行为体现，它表现的是你为他人展示出来的或是你与他人相处时的形象。但是当你独处的时候，它并不能告诉你你是谁。而且绝不是你的全部。"心灵地图"展示出一片更大范围也更复杂的领域。

托马斯·斯特恩斯·艾略特是20世纪最著名的英国诗人之一。他在诗中写道："每只猫都有三个名字：第一个人人皆知，第二个亲朋了解，第三个只有猫自己知道。当猫独坐远眺时，它是在做什么呢？它是在对只有猫自己知道 非凡的，独一无二的，仍旧对其他人隐藏的神秘名字进行冥想"

作为人类我们也有三个名字：第一个所有人都知道，它是公共场合下的人格*面具*；第二个是你私密的人格*面具*，只有你的好友和家人知道；第三个则只有你知道，体现了你内心深处的自己。第一个名字很多人知道，第二个名字也有一部分人了解。你知道你隐秘的名字吗，你的那个个体的 非凡的，独一无二的名字？这个名字甚至在家人社会给予你其他名字之前就存在了 这是你不应丢弃或遗忘的名字。你知道它是什么吗？如果不知道，你该如何找到它呢？珍宝难寻，自性化的终极目标就是找到它，宣称它，且无论人格*面具*如何变化，都始终坚持这个名字。

默瑞·斯坦
2019年4月12日于瑞士高迪威尔

专辑歌词解读
防弹少年团《心灵地图：人格面具》
默瑞·斯坦博士的思考

本章节内容选自默瑞·斯坦博士在劳拉·伦敦第44期播客的采访 主题为"关于荣格：对荣格分析师的采访"

　　防弹少年团此次的专辑《心灵地图之人格面具》中收录了七首歌 我想就这七首歌的歌词发表一些见解，希望能找出其中串联的主题或线索。我认为从第一首到第七首，有一条发展线串联起这些歌曲。但首先声明，由于我看的歌词是经过翻译的，所以可能会与原语言有些许出入

　　尽管如此，我们仍可以了解一些这张专辑的概念。首先，专辑的标题是"心灵地图之人格面具"。之前，人格面具是个荣格分析师众所周知的概念，这张专辑一经发行已售出了几百万张，因此，人格面具一词可能会在文化中变得更为普及，比起之前，人们也将会更常使用这个词。这是一个拉丁词汇 意指演员在舞台上所戴的面具。无论何时 当你在和人格面具产生接触的时候 它都是和某种戏剧或角色相关 我们都是人生舞台上的演员，有些人的生活可能会比其他人更具戏剧化 但甚至孤僻内倾的人

也有人格*面具*，当他们要从他们的外壳走出来，与世界其他部分接触的时候。所以我们所拥有的面具，或者说人格*面具* 存在于我们自身，主体性，社会以及我们周围的集体世界之间。

我认为防弹少年团之后可能会发行相关的一系列专辑，人格*面具*则是这个系列的开篇。具体的数量我不太清楚，但我希望他们会做三到四张，这样可以让他们的听众了解到人类心灵的不同面向及其复杂性。防弹少年团已经开始谈论我们人格的这些面向了。我们都直觉性地知道，当我们与不同的人交往时，我们是不同的。如果你是一位老师，或是医生 或是消防员，那么你在工作时你拥有的人格*面具*肯定和你回家后 与孩子玩耍、和邻居或你的父母聊天时的那个人是截然不同的。在不同的情境下我们的人格会有变化，这并不意味着我们完全是不一样的人，只能说我们是有不同面孔，不同方面的

在看完防弹少年团的视频之后，我认为他们七位年轻人就代表着同一个人人格之中的不同面。这就是我将会在我的解读中运用的思考方式。我们要谈论的是一个有不同面孔的人。他们有的更为严肃有的更具有娱乐性 有的面容更为姣好。他们的发色不同。有的人更为开朗爱笑。所以金南俊在演唱第一首歌 人格面具》时，他问了自己一个问题："我是谁？"他说他一生中都在思考这个问题。他在唱这一句时其余的六个成员在他周围伴舞，他们就是他人格里的其他面向。虽然是他在发声，但其他人也是人格中的不同面孔。这些歌展示的是有不同面向和不同人格*面具*的单一人格

这些歌表现了追求真实性的渴望和挣扎。他感受到这一人格挣扎着想要说些什么，想要与他自身和解，想要知道他是谁，他是什么。歌曲也表达了爱、希望、愿景和绝望 它展现了身为名流，以及随

之带来膨胀和自我怀疑问题时的激烈感受 还有对宁静和真理之地的探寻。这是非常强烈的。我感受到他的人格在这些问题中挣扎，这些问题在他的生活中产生，因为他极高的天赋以及现在的名气并不能满足他所有的需求。名利满足的只是他的雄心壮志，但有时却会让他感受到空虚。

　　他在他自身多重意象中挣扎，有些声音和要求让他这样做或那样做，或施加给他改变的压力。我设想这些歌手确实面对着这些要求，随着他们从韩国走向国际舞台并异军突起，他们经历了各种各样的压力，让他们这么说，或那么做。专辑中也有其他的作曲人，那么他们同意所有作曲人让他们演唱的东西吗？可能他们会对有些歌曲不认同。可能他们在扮演一个他们都有些许怀疑的角色。所以我想要做的，就是透过他们在舞台上的表现来发现，到底是谁在跟我们对话，在娱乐大众。

　　他们有很多观众，大家都期待着他们呈现出某种方式的表演，这一点是非常诱人的，防弹少年团在这方面做得非常好。但当他们表演结束回到家时，你可能会好奇 他们感觉如何呢？这就是这些歌曲所表达的内容。他们的面具背后，有许多自省和自我评估 他们在舞台上给大家带来快乐的同时也是在自白。这一点非常有意思 他们呈现给大家的是那个令人兴奋的人格面具，但在背后，他们也吟唱了一些其他的东西。

第一首歌《序：面具

专辑的第一首歌叫《序：面具》，由金南俊创作。这首歌曲大致描写了一个人对他人隐藏起来的阴影面 金南俊在歌词中说，他藏起了让他踟蹰不前的焦虑 但之后他可以和他的踟蹰不前友好相处了 这是一个好的展开，去接受你的感受，接纳它，不要让它让阻止你，而是接纳它，无论你在做什么的时候都要抱持它。

当他随后说到，"醉话是幼稚的，我们也在努力藏起自己不成熟的那一面。"通常，在有些时刻，我们想要隐藏起来这种力不从心或是愚蠢的感觉。当他想要藏起那些伴随着他青春的幼稚时，人格*面具*会让他觉得不安。后续的歌词则转入了一系列关于他不够好的描述

无论是身处商圈、学术界还是专业领域，在突然被破格拔擢时，很多人也会产生同样的想法。他们可能会觉得自己是个冒牌货，其实并没有达到那个位置，所以他们需要去虚张声势。很多专业人士都坦言他们觉得自己就像个骗子。这就如同金南俊在唱"想要藏起自己的不成熟"时一样。即使他在舞台上已经表现得很好，但还是会担心自己心余力绌

这就是隐藏在我们面具之下的东西。接下来的歌词是"但有些东西让我再次振作"，这句话吸引了我的注意。是什么让他再度振作起来呢？这句话有某种宗教敏感或感性在起作用。它很像圣经里的那句"他再度扶持我"。在荣格心理学中，我们把这个概念叫做"自性"。自性是你存在的中心。它关乎你是谁，自你出生之日，甚至存在于你出生之前，它是心灵最根本的源泉。在你情绪低落时，这种能量和灵感的源泉让你重新振作，给你机会和崭新的一天。这个主题在防弹少年团的很多歌里都有体现。

接下来在这第一首歌里，金南俊呼唤着："你的灵魂在何处？你的梦在何方？"，然后他说："我的名字是R，现在我不再感到难堪，这就是我心灵的地图。"

歌词中对于灵魂的追寻与荣格正在撰写《红书》时的中年经历形成了呼应。这本书于荣格撰写它后的约100年，也就是2009年出版。有趣的是，《红书》的开篇跟这一系列歌曲的开端类似，由荣格的呼唤"我的灵魂在哪里？我的梦在哪里"而展开。荣格也进入到身处沙漠的意象 这在防弹少年团歌曲中也出现了。在灵魂回应之前，他是身处沙漠的。然后，当灵魂开始在沙漠中向他显现时，她先是一个声音，然后是一个女性形象，他开始了和她的一番对话。这就是我们在下一首歌《点滴之诗》中所看到的

第二首歌《点滴之诗

如果说第一首歌是在呼唤 灵魂，你在哪里，那么在第二首歌中，有了回应，灵魂出现了。

灵魂是以一个女性形象出现的。美国年轻女歌手海尔希（原名艾什莉·弗兰吉帕内）参与了这首歌的演唱。在歌曲视频的开头，她坐在一个售票亭里，突然意识到有人叫她，于是她关上门消失了。然后画面出现了防弹少年团的七位成员，他们开始演唱歌曲的第一部分，随后海尔希在中间加入了他们。

有些人可能会问：为什么他们会选择一个美国女性来扮演这个角色呢？我认为这一点很令人感动，且体现了融合性。他们现在已经走向国际，深入国际社会，2019年他们会在在美国的洛杉矶、芝加哥、纽约开演唱会。但是这完全不令人惊讶，因为我们将其称为*阿尼玛*的灵魂形象 会来自于一个与本土文化截然不同的文化。我认为对于韩国人来说，选择一位美国女性来作为他们心中*阿尼玛*的载体是

很合适的。他们把自己无意识中的*阿尼玛*投射到美国女性身上，进而找到他们的灵魂形象

传统上，欧洲人喜欢把自己的灵魂塑造成中东人、印度人、或者中国人那样的异域形象。著名的物理学家沃尔夫冈·泡利，也是荣格的好友，他曾说过他的*阿尼玛*形象是一位中国人 他梦见过她好几次。当然这并不是说他真的认识这位他深爱着的中国女性，只是说她代表了他人格中的无意识的*阿尼玛*。因此海尔希身为美国人的这个身份是十分重要的，她是韩国的集体中无意识的阿尼玛，她现在回应了呼唤。在第一首歌里，金南俊唱到："你的灵魂在何处？"在第二首歌里，你瞧，她就出现了。

这首歌曲的名字叫做《点滴之诗》 Boy with Luv [2] *男孩心怀爱意*和*男孩沉浸在爱中*是有很大的差别的。如果你沉浸在爱中，那么意味着你被情绪占据，把所爱之人投射到别人身上。你是无助的。你的自我是情绪的奴隶。*沉浸在爱河的人往往会做出很多疯狂的举动*。相反，一个心怀爱意的人则会更加自控。你*拥有*爱，却不沉浸于此 你把爱带在身边。你把爱传递给每一个你所见或你所爱的人。这需要一个更为成熟的自我状态。不成熟的自我会*在爱中神魂颠倒* 有丰富阅历的成熟人士才能成为一个心怀爱意的人。*心怀爱意的人不易被摆布* 从心理学角度来说，这是一个更高级的状态。

所以在我看来，这些男孩代表的这重人格有了显著的进化，在歌曲《男子汉》时，之前它还是*沉浸在爱里*，而现在，它变成了*拥有*爱。这首歌非常优美，歌词也很动人 它歌颂了爱的健康能量。它能给你带来转化。它能让人兴奋。但它也带着危险，

---

[2] 译者注：歌曲英文译名为Boy with Luv，意为心怀爱意的男孩。

即*伊卡洛斯之翼*。歌词里唱到："你为我插上了伊卡洛斯之翼，但我会抛下太阳，奔向你，让我飞吧。"在希腊神话中，伊卡洛斯由于太靠近太阳而被烧死。他过于膨胀，飞得太高。在这首歌中，这一人格在成长 他被高捧了起来 也有一定程度的膨胀，但他不会失控，也不会因此走向毁灭。从自性化的观点来看，这是一个很好的征兆 他怀有爱意，那么他的爱会指引他走向他爱的人，不会让他误入歧途，沉浸在疯狂的幻想中最终导致毁灭和燃烧殆尽，甚至可能带她一同坠落

　　从荣格心理学的视角看来，这首歌里有很多自性化的时刻。首先，他呼唤"灵魂在哪儿？"然后她便出现了。 然后他是心怀爱意的，同时拥有爱的他可以为世间有所作为。他可以做出贡献。他可以把爱传递给他爱的人，给他的孩子和家人，给一切他认为值得爱或需要爱的事物。

第三首歌《微观宇宙》[3]

微观宇宙是一个存在已久的概念，它认为人类本身就是宏观宇宙的映射，是一个微观宇宙。宏观宇宙是大宇宙 cosmos 是整个世界，是客观的天地万象 universe 宇宙是囊括了你自己在内的万物的整体。而微观宇宙是指内在世界 内在世界反映外界世界，也就是宇宙世界

　　荣格晚年病重时曾说过："我在生病时做了一个美妙的梦 在梦中我看到一颗星星，它在水池里，我意识到那就是我的微观宇宙，倒映在代表这宏观

---

[3] 译者注：歌曲英文译名为Boy with Luv，意为心怀爱意的男孩。

宇宙的无意识之池中。这让我觉得无比幸福。"（荣格《回忆·梦·思考 1989

如果你也认为内在世界是微观宇宙 映射着外在的宏观宇宙，你会感到更加宽广、复杂、丰富多样。这是你的内在世界。它并不都是有意识的。它很大的部分都是无意识，但你可以通过荣格心理学所发展的不同技术来接近它，比如积极想象和梦的工作

歌曲《小宇宙》里经常提到宇宙中的星星。自性化过程很重要的一步是要意识到你有一个内在的自己与星星相关联，其并不依赖于外在世界。如果人困于自己的人格面具，你依赖于他人去体现你的价值，除了他们所赋予你的，你没有对自己的感知。那么，如果能意识到你内在的微观宇宙是对宇宙的映射 你就与一颗星相连了。你的价值感来源于你自身，不需要依赖于他人的看法。

所以说这一人格冲破了人格*面具*的限制，这个人格面具需要得到他人的喜爱，反映着他人的看法，被他人尊重和敬爱。这一人格摆脱了对人格*面具*的认同，以及其所带来的各种问题。我们以自己独特的方式焕发着光彩。

这让我想到了十七世纪的德国哲学家戈特弗里德·莱布尼兹，他提出这样的理论，我们都是单子。他认为我们都是一个个自我闭合的单子，但又和宇宙中的所有其他单子——所有其他的人——有着联系。每一个人格都是一个完整的个体，但也和其他的个体相关。他们唱到70亿颗星星，这也是全世界70亿人。一个单子就是一颗星星 每个人都是一个个体。每个人都有一个灵魂 但我们也以某种神秘的方式互相联系着，这就是莱布尼兹所说的和谐。这些单子通过另一股被称为是上帝的力量而协调，上帝让拥有各自重心的独立个体和谐的相互作用。

所以这首歌是关于对*自性*的一瞥；这一瞥，让我们能感受到我们深深地根植于一些超越自身的事物中。我们是个体，但我们也属于整体。我们有自己的宿命，那就是我们独特的星星，去成为我们自身，以及死后则回归于自己的那颗星。这和荣格在《红书》中提到的诺斯替哲学思想不谋而合。能给我们带来平静的，就是知晓我们的宿命 这个命运就是我们的那颗星，我们总有一天会到达那里，并同时与它相连 所以我将这首歌的歌词看作是对自性觉知的一次突破，由七位年轻人体现的这一人格，挣扎着向前 且开始找到了自己的路。

第四首歌《迷而知返》

第四首歌似乎是表现一个向内去发现灵魂觉知的旅程。歌词中写道："我以歌声来找到你。"那么这个"你"到底是谁呢？当他在唱"你"的时候，其实是有些模糊的。他是在谈论他的女友吗？我觉得不只是这样。那么他是在说第二首歌中提到的灵魂吗？我认为有一部分是的。让我感到吃惊的是，歌词中有一个反复提及的概念，"我会回到你身边，让一切都变好" 他在挣扎。他在进行向内的旅程。而歌曲之后是 "这就是对我旅行的回应。歌唱只是为了找到你。宝贝为了你。"

接下来我想说的是内在和外在元素 灵魂只是内在的东西吗 或者是外在的东西？还是说是二者的结合呢？我们人生的经验，尤其是前半生，如同防弹少年团的成员们在他们二十岁的阶段，此时我们在他人身上或者是通过他人发现自性 我们称其为投射，当你身处与另一个人的感情当中时，比如你的挚爱，投射可以说是和寻找灵魂有关的，但这是一种不值得尊敬的方式。当你与所爱之人在一起，你是与你的灵魂在一起。这就是为什么，依赖于她变得如此至关重要。她是你的灵魂，他是你的灵魂 但是这不代表你的灵魂完全处于外在。内在和外在调和了起来，融合在了一起。

　　所以当他说"宝贝为了你"时，他可能是在向某个具体的人诉说，但他也是在谈论他的灵魂 找寻她的旅程，以及旅程的答案。"歌唱只是为了找到你。宝贝为了你。"，这是在对灵魂的追寻。可能他在向外探索，但同时也是一个向内探索的旅程。这是一首关于旅程的美妙歌曲 他唱到："我仍记得童年的夜空"，再次提及了星空。

　　约五年前逝世的美国诗人马克·斯特兰德 Mark Strand 有首很优美的诗 诗中说，他夜晚躺在原野上看星星时，突然听到有人呼唤他的名字。他说从没有人那样叫过他的名字。当你仰望星空听到有人呼唤你的名字，这一瞬间就是启蒙和认同。所以当你在那种语境下听到你的名字，或者听到心爱之人的呼唤时 这与公共场合下听到其他人叫你的名字时，肯定是不同的 你会被它深深地触动。

这就是心灵地图，无论是内在的还是外在的，歌中的"你"就是灵魂。

第五首歌《家》

在第五首歌中，他们用了西班牙单词mi Casa来指代"家"。他们再次体现出国际化市场的拓展。同时，Mi Casa一词还增加了亲密感 Mi Casa指的是小房子。它是一个村舍或不起眼的住房，而非大宫殿。家的意味也可以理解为灵魂居所。当你和灵魂都身处家中，你是在一个私密的空间里，不再浮夸膨胀，只会感到自身的脚踏实地。

金南俊在联合国的演讲中谈到："我来自首尔周边的一个小村庄。现在我功成名就。我成为了世界名流。"所以在这里*mi Casa*指的是故乡的小家。他们全球各地的巡演和旅行带他们远离故土，但他们四处都有家 因为他们在世界各地都有粉丝。

无论身在何处，只要你感受到被爱，被接纳，那这个地方就可以成为你的家，但*mi Casa*却是不一样的。它更为亲密。它意味着回归。这一人格出门踏上一个漫长的旅程，但最后是要回家的。尽管在途中 他也会牢记家园。就像奥德赛，经历20年的漂泊终于回到伊萨卡，回到妻子佩涅罗珀的身边。尽管你离开了 你也在牵挂着故土的家。

第六首歌《未曾经历》

第六首歌中也一如既往地加入了国际主题 名为*Jamais Vu* 未曾经历 *Jamais Vu*是法语，实际上被用作一个精神病学术语。它和似曾相识(*déjà vu*)有一定的关联 如果你觉得"似曾相识"，那么即使你在一个不熟悉的地方，也会产生强烈的感受 "我曾到过这里" 通常，你说不出你什么时候来过，也说不出这到底是什么地方，但就是会有这种强烈的感受。甚至你还可能会知道某个人接下来要说什么，然后会觉得，瞧，他说了。这就像是你曾置身于电影一般。这就"似曾相识"。

"未曾经历"的情况则正好相反 你身处熟悉地点，但你无法辨认出来。这种感觉很奇怪。患有颞叶癫痫或间歇性精神分裂症的人会有这种问题。有时你可能走回家却不认识这是哪里，就好像你从没来过一样。你可能需要再次学习曾经学过的知识。

这首歌是关于反复与循环的，是在说人永远无法从经验中得到教训 每次遇到问题时 都要重新学习一次。你会重新犯之前犯过的错。这是关于人生挣扎的一首歌。在荣格心理学中，我们把对这种挣扎于重复的感受和行为模式的发作叫做*情结* com-plexes

　　人陷入某种情结时会一而再再而三地经历同样的情境，给出同样的反应，仿佛你并没有从过去得到任何经验教训 且每一次经历都会对他人或自己造成伤害，导致你会对自己所言、所做之事后悔。尽管你知道自己这样做会造成怎样的后果，却还是会重蹈覆辙 每一次都像是崭新的情境。比如，你刚在昨晚和丈夫关于同样的议题大吵了一架 现在你又开始吵架了，就像是之前的事从未发生过一样。你能从中得到些什么教训吗？显然不能，因为情结太强大了。它会一次又一次地折磨你，直到你突然顿悟，或采用其他的干预突破它。这首歌里也提到："每一次都像第一次经历那样痛苦。"这就是情结。

　　之后的歌词是"我跌倒后站起继续奔跑，却再一次一败涂地。"在歌词一遍遍重复的过程中，我认为它给人带来了鼓励，因为它让人意识到一切还在继续。直到最后，他唱出了最后一句词"我永不言弃。"这展现了他在自性化道路上的决心，即使他会一次次失败，即使他会反复犯错，也还是会选择坚持。

　　在心理治疗中，我们知道一而再再而三地重复困难的感受和行为能够让你辨认出它们，并且降低他们的严重性。可能这能让你用更少的时间来恢复。可能你能更早的看透而不是更晚。可能你现在就能给它命名了。甚至即使你身处于其中，你可能也可以对自己说："天啊，为什么我会这么做？"，某种程度上你能把自己拉出来。这是很难做到的。这就是自性化的挣扎，与我们的情结的抗争。

　　我已经与一些人进行分析工作超过三十年了。他们对我说："你知道的，我们来到此处已经上百次了，然后我又这么做了。"我们对此一笑置之。我们从未完全地克服它。我们能更好的应付它，但是我们需要去明白，心理生活就是一种挣扎。变得意识化，保持意识化，这是相当地难。

第七首歌《酒神》

专辑中的最后一首歌叫《酒神》（狄俄尼索斯，这张专辑中有很多地方都运用了希腊神话中的典故 我想写歌的人一定很喜欢古希腊哲学和神话。

　　这首歌讲述的是挣脱人格面具时的欢庆。对希腊人来说，狄俄尼索斯是外邦神，他自色雷斯地区而来，入侵了古希腊。狄俄尼索斯是一位破坏者 他会扰乱所有的事情。他践踏旧时的价值观。他解除人们的抵抗。当狄俄尼索斯降临时，你无法抵挡。如果你去尝试，他会压倒你

　　在这首歌中，这一人格开始进入到酒神庆典之处。他们并不畏惧狄俄尼索斯。他们可以接受他，他们可以享受喝醉的感觉。确实，他们的所作所为打破了壁垒和旧习。狄俄尼索斯曾被称为松土机 他瓦解陈旧的结构，刻板的行为和模式 毁坏人格面具 他至少能够暂时地把你从你的人格面具下解救出来。当然，可能第二天清晨你起来后会希望他并未这么做过。有时这种喝多了会导致事情失控，变得具有毁灭性

　　最后，希腊人终于接纳了酒神。他们给他在特尔斐神庙留下一席之地。代表了秩序、美、建筑、明智和高贵的主神阿波罗也只好将神庙分享给狄俄尼索斯半年。所以狄俄尼索斯在那里半年，而另外半年是阿波罗在那儿。他们接纳狄俄尼索斯是因为

人们意识到自己无法抵抗他 他就是生命力。这就是为何叔本华称酒神为意志。去成为的意志。去生长的意志。去创造的意志。如果你试图抵抗，那么就你会如希腊神话或戏剧中所描写的那样，被他击败。

有些人对此的回应是尝试变得尽量的正直且完美 但这样做是很危险的。你不能压抑无意识和它的力量 你不能对酒神视而不见。你需要找到另外的方式让他活在你的生命中。如果你试图去抑制他，他会以无法控制的强度喷发而出。

在瑞士文化中有一个称为*Fasnacht*的狂欢日，它和大斋节前夜很类似。这是大斋节的开端。大斋节是一段严肃的时期，但在其开端，他们有这样的一天称为狂欢日，人们都会带上面具，在夜晚出门，做极尽疯狂之事。他们可能会喝醉 发生轻率的性行为等。但是，规则就是第二日，你不能再谈论这些事。你不能见到某人，然后说："哦，昨晚我见到你做那种事了"。这是自由之夜。荣格曾经把狂欢节比作把开水壶里的水蒸气放出来，这一点是很有必要的。否则，非常紧绷且对规则相当强迫的瑞士人将会爆炸。我们的生活也需要释放，正如酒神允许我们做的那样

我认为这张专辑在春季发行是非常耐人寻味的。这是新的生命。这是重生。春天正是盛兴与新生的时间。特别是现在的瑞士，到处都是绿意盎然 鲜花怒放 人们熬过了肃杀的冬日，终于来到了一个新的季节。我认为这张专辑以狄俄尼索斯结尾，并且春季发布非常美好

对于防弹少年团来说，他们对酒神的庆典也意味着他们已经准备好要放开人格面具，打破人格面具的枷锁。可能他们正在到达一个能从人格面具的束缚中解脱的位置。

编者介绍

当我们向默瑞•斯坦博士表示我们想把他关于心灵地图的概念编著成一本新书 针对一批对荣格心理学感兴趣的年轻读者的时候，我们一方面很兴奋，另一方面又倍感压力。在当今文化中，人格面具以及个体内在世界的心理地图的概念都引发了人们的兴趣 实际上，这样的兴趣如此强烈，因此韩国人气男子团体防弹少年团了 借用了斯坦博士的概念，将它们编入了他们新专辑《心灵地图之人格面具》的歌词创作和专辑名中。这喷涌而出的能量和兴趣，甚至超越BTS成员巨大的创造力和庞大的粉丝群体基础；这种能量根植于集体无意识中，从我们灵魂深处汲取原始能量。这本书提供机会让我们对这些能量的一部分能得以一瞥。它提供用简单易懂的一系列文字和图片来为读者展示心灵地图。任何试图绘制灵魂这样一个无限宽广、朝生暮死的领域的项目都注定要失败的；但就像古希腊神话中的西西弗斯一样，我们作为作者和出版人，试图以严肃的态度来去着手这个可能的任务。正如尼采所说，这是命运之爱 *Amor fati* 也就是说，去爱自己的命运，即使这意味着永远会重蹈覆辙。

在这个介绍中，我们试图勾画出人类心灵内部运转方式的一个基本地图 我们并不是尝试把这本书作为基于长时间精神科训练的书籍，而是针对每一个在同样旅程上的人们以及卡尔·荣格心理学追随者而构建的。当我们描述时 难免会产生措辞不当的问题，望您务必谅解。

心灵地图

我们的地图有一个中心点，实际上是两个中心点：*自我*和*自性原型 自性原型*是*自我*的核心。由于很难描述这个概念，我们以一个圆锥体来代表它，自我作为定点通过这个圆锥深入到自性*原型*中 接下来我们会关于这些结构进行更多论述

在地图的右上角，有一个大眼睛向外望向一个村庄。实际上，眼睛朝外部凝视着整个世界，吸纳着我们生理上所看，所听，所问与所感的一切。这就是我们的*自我*如何通过我们的感官感知现实。山脉代表的是人格*面具 眼睛*座落在山脉之上 人格*面具*山脉位于*自我*和我们周围的世界中间。外部世界无法越过人格*面具*看到里面，这个面具就像是高山一样阻挡住超越了目力可及之物 人格*面具*是我们的脸，可能更准确来说是我们的*面罩*，它是我们向外呈现出的自己

位于山脉最左侧的是*阴影* 而*自我*则位于中间；它在图中是一个戴兜帽的形象。毫无意外，从*自我*的角度来看）它位于人格*面具*山脉的对面 因为*阴影*正是人格*面具*的反面。无论我们通过人格*面具*向世界展示出来多么积极的脸，一个更为黑暗和相反的形象都会在*阴影*中形成 *阴影*承载了所有我们心灵中多余羞耻、无法接受的部分。我们把它们深埋心底，不希望它们被人发现。*阴影*就存在于我们的无意识中。

在地图的左上方是*阿尼玛*和*阿尼玛斯*，它们仍存在

人格面具

外部世界

人格面具

阿尼玛 阿尼姆斯

阴影

自我

自性原型

情结

情结的原型核心

原始之火（深存在于集体无意识中）

Illustration by Steven Buser

于无意识领域。他们是我们灵魂中相反性别的无意识形象。在图中男性形象是一位战士，女性形象位于他的旁边。经典荣格学派关点认为，男性拥有一个帮他与更深的无意识水平沟通的女性阿尼玛，而女性会有一个帮她与深度无意识沟通的男性阿尼姆斯

在地图上有很多个标注了"C"的椭圆形零散分布着，椭圆形下面有一个漏斗状的字母"A"。这代表了我们无意识中的各种情结，情结（"C"的核心是原型"A"接下来我们会进行具体说明。

最后，在地图最下端的火焰称之为*原始之火* 这个意象提醒我们，集体无意识是整张地图的基础。这就是原始力量的居所，强有力的象征、恐惧和灵感逐步涌现

外部世界

外部世界是整张地图中最通俗易懂的部分 它基本上代表着世界上甚至整个宇宙中我们所知的一切。这是我们可触 可见 可听的一切。这是所有的物质世界，在此我们接触人类、物体和其他生灵。之所以它会在这张地图上占有一席之地，是因为它与我们的内在经验形成对比 尤其是当我们在无意识——我们通常并未意识到的领域中探索更深层次的元素时，我们的内在经验会更加难以理解。

自我

*自我*存在于无意识的表层，占据着意识的中心。这是说话的那个"我" 这是

我所意识到的当我在反思自身的那个"我"它存在于我们了解和我们不了解的边界处。这就是我自己的那个"我"；是我们能够在意识层面所理解的作为人类的经验 它掌管和容纳 它做出行动且给行动制定计划，它包含了特质和特征 以及我们"知道的我们自己"的所有不同方式。我们的回忆、创伤、情绪和真相 我们的身体所用意识性感观到的一切都会给它带来信息和影响。当我们感到"灵光一现"的时候 通常是我们意识到无意识突破了*自我*觉知的时候

人格面具

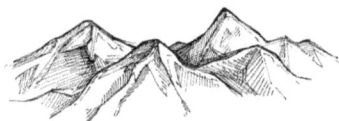

人格*面具*就是那个把我们的意识*自我*和外部世界分离的山脉（或面具）且它与外部世界互动。我们在*自我*和外部世界之间加上了一只眼睛，也是为了强调我们如何从*自我*去看待世界。正是通过我们的感观——这只向外看的眼睛——来认知周围的世界。而世界认识我们的方式，则是通过人格*面具* 所以，在我们的地图中，亲朋好友或是实际上所有的人，当他们在看待我们，对我们产生某种看法的时候，他们所看到的并不是我们内在的*自我*，而是人格面具，那个我们让他们看到的面具 他们看到人格*面具*的外层山脉，却永远无法看到"真实的我们"，只能看到人格面具允许他们看到的自身的那部分。*而我们的人格面具也会因为个人扮演角色的不同而改*变。比如说在工作时，我是一位医生。可能我以医

生的形象去着装，穿的衣服是白大褂或者其他的职业服装 我说的是医生之间的行话 为了强化我的认同感，同时可能是让我自己和他人信服我的立场，我会说的很专业，甚至会使用一些高深的专业术语。我可能不会自然的大笑，我可能会努力克制自己不要胡闹。或许当我在展示其他的面具，或是我人格*面具*的其他面向时，我也会这么做。这是具有适应性的，如果病人总能看到我是一个始终如一地，有良好教养的专业的医生，病人能够安心就诊。我的专业人格*面具*使得我能够在我的身份里更加自由和顺畅的实行功能。但当晚上回到家之后，如果我忘记摘下我的"医生人格*面具*"而没有带上我的"伴侣人格*面具*" 糟糕事情可能会发生。我可能会随意命令妻子，继续使用冗长或专业的术语，固执己见等。当我身处家中，我的人格*面具*中认同于医生的面向就变得不合时宜了；继续使用它实际上是不适的。在家中，我应该戴上我的"伴侣人格*面具*"，或者我的"父亲人格*面具*"。带着这些人格*面具* 我会不那么专业，而是温和随意的。我可以大笑，说笑话，可以和孩子们一起在地上打滚。在人生中 作为人类，我们会戴上各种各样的人格*面具* 可是是学生 挚友 导师 学员 运动员 派对动物、摇滚明星、社会活动家等等

阴影

阴影是我们人格*面具*的相反面。我们通过人格*面具*展示自己给这个世界的那些方面，我们人格的相反部分分裂开来，隐藏在*阴影*中。如果我努力将我的人格*面具*制作成一个友善、乐于助人、鼓舞人心的形象的话，那么这就意味着这些特质的

相反面，不友善、不乐于助人、令人沮丧的人将会分裂，存入我潜意识*阴影*中。而这种现象的强度也是随着我的人格*面具*变得更加强烈和单向性而变化的。一个人表现地越正直、越虔诚，越无私奉献没有任何的愤怒和消极情绪，那往往会创造出一个极度残酷，不道德以及无礼特质的无意识阴影面，这些都是充满能量且强有力的，但是被相反特质所占据。我们在新闻里总能看到一些虔诚的布道者，他们义正言辞地反对罪行，最后却被人发现他们做出了这样的越轨行为，这一点是相当令人愤慨的。对这种事情的合理解释之一是 他们的人格*面具*变得越圣洁虔诚，他们的*阴影*也会变得更有能量，更加不道德。总有一天无法接受的阴影会爆发且曝光于公众，这只是时间问题。这会让人非常震惊且羞愧难当 但如果处理的恰当的话，这也许也是一个新的更为真实的生活的起点。通常情况下，除非我们对我们自身做了很多个体工作，不然我们阴影的内容对我们来说是隐藏的，未知的。我们越少知道我们的*阴影面*，我们更有可能不知不觉的由于它而做出行为，伤害他人 所以我们知道我们有*阴影面*，进一步采取健康的方式处理它是至关重要的

阿尼玛和阿尼姆斯

在我们的无意识中还有一种形象，它代表了我们所忽略的男性气质或女性气质的部分。一百年前荣格在发展这些理论时 社会中关于性别的定义还是很严格的。在维多利亚时代，男性表现出他们的阴柔面是很难被容忍的 反之亦然。因此，在男性的一生中

，他展示出来的大多都是他的男子气概，而他心灵中自己意识不到的未发展且无意识的女性形象，荣格称其为*阿尼玛* 正式通过*阿尼玛* 男性可以接触到他更柔软，更深情，可能更富有创造力的那一面 当他哭泣时，充满着更多地来源于内心而非头脑的强烈情绪，他可能正在跟他的*阿尼玛*沟通。这个*阿尼玛*可能会在梦中来到他身边，以性感多情的女子形象现身。她是他的向导，带他去往人格的更深处。她孕育新的生命，预示着未来。

传统上来说，女性在她们的同一性上有着完全相反的发展。人们很少会鼓励女性去从事高要求的职业，更不会鼓励女性去追求掌控公众权力与权威的角色 无意识的男性形象通常隐藏起来 这是一个带着力量与果敢，以及勇士般力量的人格，荣格称之为*阿尼姆斯*。在梦中，她们通常会见到一位强大的男性形象 在女性的后半生中，她可能会让她自己背离一个过度教养的角色 以一个更强大，更强势的公众人格来开启第二职业。在此时，她的*阿尼姆斯*浮出水面

但在过去的几十年间，这个模式有了巨大的变化，因为总体来说，在个体和社会中，性别变得更具有流动性。男人不再被迫仅仅用阳刚来表达他们的人格 正如同女性也获得更多的言论自由。但无论我们倾向于展现哪一种性别元素 在我们的*阿尼玛*或*阿尼姆斯*中 相反的性别发展出无意识的力量。与这些相反的性别特质相联系让我们变得整合和完整。

情结

在地图上的无意识区域零零散散分布了很多个*情结* 我们以 "C" 来象征它们 它是一个圆锥形，下面的漏斗指向是字母"A" 我们每个人在无意识中都有数不清的*情结* 一个情结就是某种次级人格，它包含

了一系列被激发的情绪，聚集在我们生活中的某些地方或是触发点，这些地方或触发点通常是创伤。你可能已经听说过很多普遍的情结，它们已经成为了我们一般的词汇，比如*恋母情结 恋父情结 金钱情结 俄狄浦斯情结 英雄情结 拿破仑情结 彼得潘情结 恋人情结*等等。可能只听这些情结的名字我们就能大致能想到这些词包含了什么含义 因此，被金钱情结控制的人会失去理智地担心穷困和经济需要。即使他已经很富有了，他的害怕会驱使他囤积更多的钱。这种情结也叫斯克鲁奇（吝啬鬼）情结，名字来源于查尔斯·狄更斯的小说《圣诞颂歌》 从另一方面来说，有*英雄情结*的人可能发现他们自己会失去理智地去拯救别人，这些人可能根本不需要他们的帮助 *情结*的力量越强大，当我们陷入它的时候，我们就会越难意识到，而我们的行为就会越被它控制。当我们被这些*情结*控制的时候，我们的朋友，家人和爱人都会痛苦的意识到这个问题，尽管我们失去理智地为自己的行为辩解。

荣格心理学一个不同之处在于 它认为每一个情结的中心都有一个原型，也就是图画上所指的那个字母"A" 因此，有*英雄情结*的人，心中都会有一个*英雄原型* 这个原型存在于历史上所有知名的英雄形象中，包含了人类曾展露出的所有英雄特质。举个例子，我们可以想象世上最强大的英雄是赫拉克勒斯 Hercules ，他就存在于这种*情结*的核心。陷入*英雄情结*的人都在探寻这种强烈的力量 这些时刻对那些受困于情结的人来说，可能是危险的，但从另一个方面来说，可能甚至会导致善举。

自性原型

在荣格心理学框架下 *自我*严格来说也是一个情结 在此我们维持我们意识的

同一性。还记得上文提及每一个情结的核心都存在一个原型，而在*自我情结*的核心中存在着自性原型。就像在基督教文化中关于上帝 God, He/His/Him 的称呼都要大写一样，按照惯例，我们把*自性*这个词也大写了，用于强调其总体性，甚至神圣性。自性是人类的（也是每一个个体的）宏观的组织原则。尽管很多人都把自性原型比作上帝，可能更好的方式是，我们把它当做是一个上帝般的无限、无边的可能性，通常我们都会把它与*更强大的力量或者宇宙中意识和无意识元素的总和*这样的词语联系起来。它是*阿尔法*也是*欧米伽*，是开始也是结束，是*总数*也是*奇点 作为一个整体*。如果不借助神秘主义或者浮夸的比喻，其实我们很难讲述清楚*自性原型*的这个概念 它确实不可言喻，无法用言语去描述。

原始之火

在地图中我们把*原始之火*放在了最下方，目的是为了表现出这些框架下的深远的原型力量。这种*原始之火*代表着心灵能量和贯穿人类乃至宇宙历史的生命力的最初来源。它推动着生存 进化 创造，以及性欲和饥饿等这样的本能。当我们沮丧时 我们是与*原始之火*失去了联系 而当我们躁狂时 我们可能是被火焰吞没。在发生世界大战或者其他影响深刻的冲突、社会动荡时，正是这种火席卷了地球。它深藏在我们心灵之中，就像地壳下的滚烫岩浆一样，在发生激烈冲突时喷薄而出。

这是一种集体之火，跨越时代长河一直燃烧着 就像比利•乔尔那萦绕的歌词中所说："我们并非纵火之人，自世界开始转动之时，火就一直在燃烧着了"这准确地抓住了它永不熄灭的隐喻

那么这就是我们的*心灵地图*了 在深入了解人格面具的观念之前，我们希望这个地图能给您提供一些支持

几件应该记住的事

不要让世界定义你。开拓属于你自己的道路!

这一点对于年轻人来说尤其困难 因为人在年轻的时候总有很多事情要做，比如在高中和大学表现突出，找到适合的工作 寻觅人生伴侣 抚养孩子等等。虽然做这些事没有任何问题，它们中的许多事情也的确很重要需要去努力追求，但有时这些期待是强加于我们身上的，违背了我们的意愿，而且它与我们的本性相反。尽管年轻人需要也必须追求学业和事业，但他们还要寻找自己热爱的事情，不仅仅为了取悦父母、老师、导师。通过之前的地图，我们知道必须要小心处理我们所构建的人格*面具* 并且保持着真实性；我们必须聆听*阴影*的暴行；我们必须提防陷入*情结*，以及我们必须从我们的*阿尼玛*和*阿尼姆斯*中汲取灵感。只有通过包含着意识和无意识的整体性，我们才能有希望去辨别出我们独特的道路，跟随真实的自己

聆听你的夜晚梦。拥有一个梦的日记本

荣格心理学中一个重要原则就是，我们睡眠中的梦是至关重要的。梦从集体无意识中慢慢向上冒泡，自性原型贯穿其中 所有的梦对我们来说都是有意义的，告诉我们一些尚未知悉但需要知道的事情 把你夜晚的梦记录在日记里。第二天反思一下，问问自己梦里出现的这些元素都让你想到了什么。避免简

单的"释梦象征辞典" 因为你需要努力在自己身上下功夫，而不是依赖他人的解释。如果可以的话，你可以与一个荣格分析师，或者其他也以此观点来工作梦的分析师进行工作。你也可以加入或者开始一个梦的小组，与组里的人在不带偏见、不加批判的氛围中分享和反思这些梦 用你的梦来绘出属于自己的*心灵地图*

聆听你的白日梦。拥有一个白天的日记本。

可以考虑拥有一个白天的日记本，用来记录你的思考 情绪 创作冲动或是灵感。你甚至可以写下跟另一部分的自己，包括*阴影形象 阿尼玛形象*或是睡梦中人物所发生的对话。提出问题，逐步了解这些你自己的内在部分。思考当下，梦想未来。对自己的每个元素都保持好奇心，包括你的内在世界和你所接触的他人。这种好奇心有助于个人成长。

保持意识到你的阴暗面（你的*阴影*。在它爆发时拥有它，利用它的力量

不幸的是，忽视自身的阴暗面是一个常有的陷阱 我们总是会一次又一次的陷入。我们说服自己，认为我们已经驯服了我们内在的黑暗，但现实是 如果我们太久忽视它，它就会卷土重来。人的阴暗面爆发时，它会肆意让我们陷入不同的毁灭之路。所以我们要意识到我们的*阴影*和那些伤人的歧视、成见和优越感，这一点非常重要。我们要和我们的*阴影*保持沟通 和它进行对话，聆听它的声音，观察它如何投射在你生活中的人们与情境上，就像是电影在银幕上的映射一样。在被你自己更黑暗的部分操控时，我们要向周围人承认，你做出了一些追悔莫及的

事。只有当我们意识到自己的阴暗面，主动面对我们这些不那么有魅力的品质时，成长和自性化才会发生

保持与身体的连接

需要避免陷入过分关注你的头脑，与你的身体和外在世界失去联系。这里有一个很多荣格分析师和其他知识分子类型的人都会坠入的陷阱——只专注于观念、概念和原型，不看他们在现实世界中的体现的话，那只能得不偿失。聆听你的身体。试图去理解它的受伤、怨言和痛楚，或是一段埋藏在里面的痛苦回忆，且在舞蹈、奔跑、玩耍时放肆享受。

无论如何都要保持创造性，并表达这种创造力

与任何能够使你的灵魂充满活力的创造力形式保持联系 表达的方式不仅是在帆布上画画这种艺术形式，也包括舞蹈 散文 陶艺、演奏、运用你的声音等无数的方式表达 创造力是一个很好的方式，能够以一种很健康的方式接触到*原始能量* 给我们的成长和自性化提供燃料

了解一些关于你人格的形成，以及它的优势和挑战

对你是谁和你的人格如何给你带来挑战和力量保持好奇 可以去了解一下荣格提出过内倾、外倾、思维 情感和直觉等观念 从这些方式来了解我们是谁 以及我们如何与我们生命中重要的人去相处，这不仅有助于我们去理解自己的行为，也帮助我们去优化我们如何与他人相处

记住在生命的各个阶段，少年、中年、晚年都有不同的使命

我们应该了解自己正处在生命的哪一个阶段，这一点十分重要。在年轻时我们一般来说会建立心理架构、人格 欲望、关系和职业。但愿我们是带着热情和使命感来做这些事。而到中年时，我们已然搭建好了这些框架 并且我们可能会被富有成效的事业和成长中的家庭或者其他挑战所占据。通常，人到中年还会面临人生修正的需求 我们得保持警戒，聆听它的声音。到了晚年，我们处于生命圆弧的另一端，在某些方面会有所衰退，而在另一些方面的认识则会加深。一般来说，晚年时我们会退休，开始指导身边的人 我们更加具有灵性，培育我们的内在让它与更高的现实建立联系。尽管我们每个人在这些典型模式中都需要去找到我们自己的呈现方式，但如果能够记住在我们生命旅程的各个阶段中心灵地图起到不同的作用，是大有裨益的。

对自己保持真诚

虽然我们最后的勉励有些过于陈词滥调，但无论如何我们还是认为有必要说出来 我们必须对自己保持真诚！但是它到底是什么意思呢？当然它对不同的人来说有不同的意义。我们对此给出的答案是 这涉及一个至关重要的探寻，即去发现在这个世界上，你独一无二的使命究竟是什么。作为人类社会的一员，你拥有的是独一无二的传承，你打破了他人试图将你放入的模子。无论你真正的道路是哪一条，你必须要不惜一切的聆听你那温柔的内在低语，以及为生活赋予你的印记而感到自豪。

史蒂夫·布塞尔
伦纳德·科鲁兹

喀戎出版社 北卡罗来纳州阿什维尔市

第一章
初始想法
默瑞·斯坦

　　卡尔·古斯塔夫·荣格 1875-1961 是瑞士著名的精神科医师、精神分析学家，分析心理学的创始人。在和老师西格蒙德·弗洛伊德决裂后，他创立了一套属于他自己的截然不同的理论，且发表了许多书籍和文章来阐释他的观点。这些收录和出版于十八卷的《荣格全集》中。我早前的《荣格心灵地图》一书，就是对他的作品和他在著作中提出的观点的一个介绍

　　我在24岁那年开始研究荣格的观点直到现在。他的自传《回忆、梦、思考》深深吸引了我，然后我再也没有背离。当我1968年刚开始接触他的著作时，我就觉得它们非常让人兴奋，能给人灵感。我是一位荣格心理分析师，每天都会将他的观点运用于我的来访者身上。这些观点从没让我失望过。荣格的确是一位心灵的天才，他对于人类心理的架构以及运行方式的领悟是卓越的。同时，它们还非常实用，有助于让人们过上一个更为充实，更有创造力 更为真实的生活

第二章
人格面具
默瑞·斯坦

　　自我功能的两个关系密切的部分，就是*人格面具*和*阴影*。其中，人格面具是我们呈现给外在世界的那一面 而对于阴影 詹姆斯·霍尔这样描述它：

　　"*阴影*指的是被处在"光明"之中的意识投进"影子"中的事物。当有些来自无意识的东西在接近意识，它将会进入一个评估的领域，也许是被称为道德选择的领域。某些正在接近的事物可能会被接受，融入自我 而那些不被接受的部分则会分离出来，压抑在*阴影*中。

　　被一个人的自我接纳的内容，也就是称之为"我"的那一部分 且感觉它自己是意识的中心，所以它可以很轻易地与*人格面具*融合 尤其是如果这些内容也被个体所处于的文化情境所接受的话。人格面具由一张"面具"构成，它不仅是为了藏起某些东西，还为了揭示一些东西——一个社会或文化角色 ... 当它"很合适"的时候，它会强化且更有效地与自我"背后"的真实本性交流；如果它过度用于发展一个适合的自我 或是用来隐藏自

我的真正本性 病理状态就会出现 人格*面具*
的发展不足会让自我暴露于创伤下，在某种
程度上类似于人类拥有防御性包裹着的皮肤
一样。" ref 1

如果你走向灯光 你将会被照亮，留在身后的
则是*阴影*。当人过分认同自己所带的面具 人格*面具*
时，可能会面临被相反属性（*阴影* 反噬的危险

"他【荣格 认为，人格*面具*是构建出来的，它
由经过自我所认同的集体碎片组成，其功能是促进
适应周遭的社会生活。人格*面具*实际上是'集体心
灵的一部分'，但它也可以模仿个体性。它的存在
是可意识的，如同一张'面具'"(ref 2)

"当人类自我发展到某个节点时，人类意识
会主要由个人成长和受教育的文化环境所决定。"
(ref 3)

"为了适应，我们做出了如此的社会性的调
节，创造出了一个社会面具，一个'人格*面具*'，
它摒弃了自身最本质的部分 … 荣格把人们遇到的
社会两难处境称之为道德冲突。在最深处 必须要完
成的事情是要变得完整。人类本性想要反抗社会和
文化的桎梏，且如果社会过分抑制这种朝向完整性
的内在驱动力的话，则进而这会成为情结的来源"
ref 4

"弗洛伊德认为，并非个体和社会的冲突导
致了神经症的产生，而是心灵内在产生的道德冲突
一方面想要否定自己，另一方面又会要求他人肯定
自己。" ref 5

人格*面具*和*阴影*实际上是互为对立。在自性化
的早期阶段，*阴影*形象通常会在梦中以同性的形象
出现，这些形象的特质补偿了人格*面具*的特质 如果
人格*面具*是积极阳光的，那么这些形象可能会是 "

负面的"，或者如果人格面具萎靡，且有些自卑的，那么阴影面可能是"积极的"

"现今社会不断变换的价值观让人无法做到在各种情况下都能完全地确认我们的整体性。为了和人相处，甚至是为了生存，我们要否定自己最真实的感受。为了适应，而去做出这些社会性调整，而创造出了一张社会面具，一个"人格面具"，它去除了自己最本质的部分 ref 6

荣格写到 "人类有一项才能，尽管它对集体目的具有最大的功效，但对个体化却是有害的" ref 7 模仿是我们建立起人格*面具*的基本工具。我们总是模仿那些我们崇拜的人，使自己看上去和他们相像这种模仿会创造出一种认同感，这会帮助我们融入自己想要成为其中一部分的群体。

但是，要成为真正的自己，我们必须要把心灵的一部分分离开来。首先我们要意识到自己*阴影*的存在，当然这也能促进我们对人格*面具*的认识。"与早期的人格*面具*及其所伴随的认同感有一个真实且深刻的心理分离，这似乎需要在意识和潜意识中都觉察到这一变化。当这种改变只是肤浅地被意识单独承认，而并没有在无意识的水平上被修通和接受，死尸最终会被隐藏起来，而不是被埋葬。"
ref 8

"与早期人格*面具*的认同未解决和未完成分离问题，是由于个人天生的完全可以理解的一种欲望而创造出来的，即想要去否定已经发生的事情，拒绝处理重大丧失相关的所有事宜及其可预计的改变。这种对外在和内在改变的情境的防御性否认，只有通过"找到死尸"[用隐喻的方式来说]，通过一种具体、难忘、无可转圜的方式直面死亡来解决。"
ref 9

"处于心理临界【一个用来描述阈限或一种介于两者之间，通常是迷失的状态的术语 时 社会所定义的身份变成了一个"完全的人格面具"，它仅仅是个表面的躯壳，用来隐藏自己或利用它在社会上承担一个空洞的角色。" ref 10

"人们不能自愿地通过选择一个特定的身份或性格来创造他们的人格，正如同他们不能通过挑选肤色 脚或手的大小，或者面部特征的特殊组合来塑造自己的外形。没有哪个人类群体是以意识且理智的方式来发展出他们的文化偏好及风格的 大部分的个人和群体都是历史因素以及起决定性的时间点 与起源、基因和文化传承之间互动的产物。" ref 11

在"无意识的结构" 1916年 其被收录为《分析心理学两讲 的第二部分，荣格探讨了人格面具，并且写到它"只是集体心灵所带上的面具，这是会捏造个体性的面具" CW7, §465 ，正如他的自传所证实的那样，他自身深深地陷于他自己的中年过渡期，正经历了这种强烈的阈限状态。 ref 12

这种分离无法完成，然而用荣格的语言来说，直到能对更早期认同（或人格面具）进行意识化地掩埋。（ref 13

当灵魂正从其淹没于阈限体验深处的位置向外张望时，人格面具仅仅是一个充斥着虚伪谎言和故作姿态的空洞面具，被嘲笑挖苦 ref 14

在 可理解的荣格：荣格心理学的个人方面 一书中，哈里•威尔默写到

"处于我们内在世界和外在社会的边界中的 就是我们的人格*面具* 它面朝外在世界，它的反面则被外在的面具隐藏或者伪装起来。人格*面具*是一个原型象征，由荣格所命名，名字源于古希腊演员所戴的面具：这部分

所扮演的公开表达的脸面。戴上人格*面具*之后，我们展示出我们自身和我们的社会以及外部角色 人格*面具*可以通过我们的容貌、服饰、肢体活动等一切我们用来告诉外在世界我们是谁的外部装饰来呈现"

"带着我们的人格*面具*，我们通常试图去展示出理想化的自己 我们的*理想自我*。因此，它把我们的*阴影*隐藏起来，也保护我们免受他人*阴影*的影响。这是一种大家都接受的伪装。" ref 15

我们所佩戴的面具通常是由我们的个人经历组成的。它起源于核心家庭，然后延伸到超越家庭的社会生活，而最终延伸涵盖了总体的文化背景。在这个过程中，媒体起到了推动作用 比如，通过电视或电影中看到的角色，我们找到这给人格*面具*进行增添和调整的素材 这些延伸是超越了我们所能直接接触的环境的 无论任何能够帮助一个人从他们的文化和习惯的环境中挣脱出来的方式，都提供了意识到人格*面具*的机会。我们开始意识到我们自身，通过发现我们与周围陌生人的不同 这也就是为什么旅行是如此的重要 与不熟悉的文化相遇让我们意识到我们自身所看到的与周围人不同的方面。同时，旅行也让我们认识到人类的共性，通过让我们知道人们会有相似的希冀，挣扎于相似的问题 以类似的方式失败或成功，尽管在一些方面有着显著的差别

"当然，与过去所认同的部分相分离的经验，需要我们承认失去了过去的自己，为其哀悼，以及放下 这是很重要的。这一步骤对于个体与前一个人格*面具*分离是必需的，同时也会在每一个过渡期中发生" ref 16

关于人格*面具*还有一个问题，即它是具有遗传性的，好像它在某个家庭或者某种文化中一代一代

传承。我们经常会从外部发现某些家庭从爷爷奶奶到父母再到孙子孙女传承了一些性格特征。他们有一些显著的共同特征。我们会说，他们是"子肖其父"尽管从生物学的角度来说人格*面具*不具有可遗传性，但它的确会传承下去。有时这种情况叫做模因，他们类似于基因遗传，但不是通过生物学的方式遗传 通常人们不知道他们遗传了一个人格面具。这就仿佛他们住在一个没有窗户也没有镜子的屋子里。如果我们周围都是和自己相似的人时，我们很难从其他的角度和更为客观的角度来看到自己

第三章
阴影
伦纳德·科鲁兹、史蒂夫·布塞尔

　　如果无法去看到自我和佩戴的面具之外的事物的话，我们的心灵地图会是肤浅且不完整的。*阴影*是和人格*面具*紧密相关的一个概念。当我们狂热地认同我们积极公开的特性 且不伴随着对相反面的有意识的接纳，我们有可能会成为伪装特性的受害者，荣格把这称之为"反转"。在反转过程中，阴影元素可能会毫无征兆地突然发声。我们必须记住，那些隐藏于*阴影*中不被承认的元素可能会合并成为情结，它聚集了我们的心理能量、记忆、经历、知觉偏见等等。*阴影*是一个情结，它与人格面具相反且对立。

　　约瑟夫·亨德森说："荣格把个体*阴影*比作个体无意识的守护者。" ref 17 自我希望看到自身积极的一面 这就导致了理想自我的产生 这种对理想自我的坚持不仅引出了自我的*阴影*，还维持着它。

阴影的三重面孔

个体 — 个人生活中压抑的幻想、愿望、冲动和观念

集体 — 时代的权力、贪婪、仇恨、和欲望，并非来源于个人

原型 — 神话中和史前的邪祟、恶魔、天神和女神

选自哈里·威尔默作品《可理解的荣格》
2014年喀戎出版社出版

    由于我们一直戴着面具，我们变成了我们扮演的那个人。"*人格面具是伪装，是角色的呈现 它掩饰了演员的人格 人格面具是一种原型；它是为了适应人际关系所产生的一种必要的功能性情结。它同时也是我们展示给他人的，我们所扮演角色的一部分 它是我们想成为的样子和周遭世界允许我们成为的样子之间的妥协。*" ref 18 *人格面具隐藏了我们的本性，尽管它努力成为理想自我的模样 这还是像带上了面具或穿上了伪装。* ref 19

    罗伯特·强生认为："*阴影并没有充分的进入意识之中。*"他是这样解释这句话的："*我们之所以把自己分为自我和阴影两部分，是因为我们身处的文化坚称我们应当有特定的行为方式*" ref 20 *人格面具体现了我们允许世界所看到的总合，而阴影则是我们无法用意识涵盖的总合*

阴影就仿佛是我们心灵中的另一个形象 荣格曾描述过他在梦中感知到另一个存在的场景：

"当时雾霭茫茫 我手捧着一束微弱的光。一切都取决于我能维系这微弱的光亮。突然，我感觉有什么东西从背后靠近 我回头望，看到一个巨大的黑色的人跟随着我。尽管很害怕，但是同时我的意识还是清醒的，我必须要保护这束微弱的光穿越黑暗与狂风，不论多么地危险 当我醒来后我立刻意识到，那个浓雾中的人就是我自己的影子 我所持的微弱之光让它现形。我也知道这个微弱的光是我的意识，是我唯一的光。" ref 21

阴影根植在个体无意识（与集体无意识相对）中，它包含了所有我们"憎恨、否定、压抑的东西 权力、贪婪、无情与残忍的念头、不被接受的冲动、道德种族问题上的错误。人类所存在的对它者的不人道的一切邪恶之事就是阴影。阴影是无意识的；所以我们会在其他人，其他事和其他地方上遭遇我们的阴影" 我们把我们的阴影投射在他们身上。阴影投射对我们有致命的后果 我们所忽视和投射之物，通常会卷土重来，反咬我们一口。 ref 22

人格面具认同的是那些与阴影相对（相反）的特质，或者更为准确的说说，阴影聚合、从集了那些与人格面具相对的原则、记忆 信念和知觉 阴影所导致的巨大的危险在于，它所产生的情结总是会投射到他人身上。芭芭拉·汉娜是这样解释的："投射会将我们孤立起来，通过把我们包围在遮掩住现实的妄想中 ... 如果人们给他们自己和他人的生活带来灾难，但又无法看到整个悲剧都源于他们自身，这是一件非常可悲的事情。" ref 23

阴影和人格面具的发展是相互串联的 诸如家庭和文化等外界因素都会对其发展过程产生重大影

响。通过模仿，孩子会受到家庭以及文化价值观和行为的牵引，从而在这一人格*面具*中找到一个身份。家庭和文化所拒绝、压抑的事物，孩子也会倾向于拒绝和压抑。所以慢慢地，可接受的事物会容纳在人格面具中，而其余的部分则会容纳在*阴影*里。

在后半生中，个体会转向反面，认同于家庭和文化的*阴影特征* 呈现一个反文化或反叛的人格*面具* 那么这会让之前认同于阴影的特征，某种程度上反转出现于人格中。之前是*阴影*的部分现在变成了人格*面具*，而之前是人格*面具*的部分变成了*阴影*

没有人可以避免拥有*阴影*。通常人格面具越强大，*阴影*就会越深不可测。即使是圣人也会有阴影，因为他们同样是人，也拥有人格。没有人没有*阴影*

通常情况下 与梦者相同性别的人可能会出现，尽管他们通常不会被认为是一个真实的人。这样拥有负面或险恶的性格特点的形象被认为是一个梦中的阴影形象

*阴影*被称为是每个人最大的敌人。我们的阴影让我们意识到我们隐藏起来的黑暗面，就像一个住在我们内心的邪恶双生子或分身 当个体能够接受*阴影*的存在时 它能变成一个有用的内在形象。所以重要的是我们要牢记 我们的失败对我们变得意识化是必要的；我们的失败能够让我们变得更加人性化。梦中的*阴影*调和了梦中的自我和无意识的黑暗力量 ref 24

对于精神病理学中有关诸神（意象）呈现的反思（...），在此提供了（这样分析）的意义。通过把原型的行动考虑进去，试图去理解心理动力和病态行为的意义 对于原型精神病理学来说是一个大胆的尝试。如果不承认无意识中在背景中起作用的原

型维度的存在，则无法理解那些带着紊乱的灵魂进入分析、咨询室的患者的痛苦。

这些想法旨在阐明如何以及为什么人在中年时，尤其是在阈限期，*阴影*中那些被压抑的内容会重新回到意识中来 ref 25 荣格对于这一形象做出了如下定义 "通过*阴影*，我了解了人格中的"消极"面，所有那些被藏起来的讨厌的品质，个人无意识里那些未经充分开发的功能和内容。" ref 26 荣格将自性化过程的这一阶段描述为与*阴影*的相遇 ref 27

第四章
自我

伦纳德·科鲁兹、史蒂夫·布塞尔

通常，我们会把自我和大家口中所说的"我"联系起来 但其实自我早在孩子能指出其自身作为我之前就已经开始形成了。我们可以去设想，婴儿开始学会区分自己和非自己的时候，自我的最早迹象开始聚合起来 关于自我，荣格曾写到："仿佛它形成了意识领域的中心。" ref 28 当你说"我是"、"我想"时，这就是"我"，就其自身来说，它没有任何特殊的同一性 名字会赋予"我"同一性，所以一个叫莎拉的小孩可能会在说"我想要"之前，先说"莎拉想要"。

自我认同可以通过国籍、性别、部落、宗教等多种方式来延伸。如果小孩还没有起名的话，那么他/她所拥有的只是自我，而不是名字同一性 自我可能会认同于家庭或兄弟姐妹 "名"在人类历史中其实是并不久远的事情。在那之前，人们只有一个姓，之后则拥有了一些像"大"、"强"之类的绰号。自我会寻找同一性，通过认同姓名或者某种特质来找到它。自我想要变得与众不同。如果有人想要对姓名之于"我"的力量进行实验 他可以改名，然后观察"我"所改变的方面。对于那些既改了名又做了变性手术的人来说，即使他们的身体和姓名都有了翻天覆地的变化，但说到的还是同一个"我"。

自我在意识的进化过程中至关重要 自我是我们想要审视的对象，也是我们用来开始审视自己的工具。荣格非常专注于自我的问题，在他的著作《艾翁》 Aion 中，他清晰地指出，他的自性的概念不能取代自我 在荣格看来，自性是人格的整体。自我处于意识领域中，但并不等同于意识领域。但它的确给意识领域提供了"参考依据"，是了解自性和自性化道路上的起点。

既然自我是意识领域的参考依据，那么自我就是所有在适应中成功尝试的主体，只要这些尝试都是通过意志力实现的。因此，自我在心理经济 psychic economy 中起到了重要的作用。它的这种重要性导致某种偏见形成的良好基础：认为自我是人格的中心，并且意识领域就是心灵 ref 29

如果自我不会扭曲事实，那么了解无意识似乎也没那么有必要。荣格指出:"最大的悲哀通常在于 人总是公然地把自己和他人的生活都搞砸，却看不清这一切的根源是他自己，以及他如何继续维系这件事" ref 30

想要理解心灵地图，第一个需要区分的就是意识和无意识。无意识是指那些我们意识不到 也无力承受的心理内容。凡是自我无法容忍或者它无法接受的东西 它就会压抑到无意识的领域 最终，自我变成我们去辨别我们自身形象及姓名的能力，以及我们实施我们的意愿和做出决策的仓库。它引导着我们的行动。

　　自我在人的一生中至关重要。著名诗人威廉·华兹华斯有一句诗"孩子是男人的父亲"，这句诗的背后隐藏着伟大的真理

　　在某个阶段，自我由与之相遇的社会和文化塑形和添彩。早在孩童能说出"我"这个词之前，自我的核心就已经开始聚合，随后，它被包裹，会越来越多地受到周围文化的影响。荣格将自我的更深核心称之为第二人格 自我所承担的受到文化影响的特质和性格，他称之为第一人格。第一个人由文化和环境所塑造，在此人格开始显露。

　　斯坦博士指出，人一生中，"我"的核心都始终如一，但由于它所处的环境是不断变化的。因此，个体对自性的感知也是随着他心理发展的变化而变化的。值得注意的是，人对于*自性的感知和自性*本身是不同的；它是近似镜像或是自性的一个面向。如果你能意识到人格面具 阴影 阿尼玛 阿尼姆斯、文化情结以及认同的话，那么你对于自性的感知范围不仅会逐渐扩大，还会变得更加集中。在我们的一生中，"我"或者对我们自性的认知就会变成曼陀罗，一个通常象征宇宙或微观宇宙的复杂的意象，它表达了持有中心的整体感。可以通过叶芝的诗《二度圣临》来理解："万物将解体，中心可维系"在心灵世界中，这一中心不是由"我"来维系，而是原型的自性。

　　近期斯坦博士被问到关于防弹少年团的一位成员提出的一个概念"世界本身就是一个情结。"的想法 他回应到："我们谈到'自我情结'的目的是为了将其放置到整个心灵的更大视角中去看待 通常我们以为自我就是心灵的全部了。实际上它只是一部分，整体的一小部分而已。如果你说，'世界本身就是一个情结'，我猜想你也在做同样的事情，即你把自己的世界放置到更大的视野中去，告诉大

家，比起你所知道或者甚至所能想象的之外，还有更多的真相。它说明了这个术语是具有相对性的，也呈现出它的局限性"

荣格对于心灵和身体并没有进行区分。它们是同一个物质，一枚硬币的两面。它们持续地相互作用。自性是一个整体，包含着身体，心灵和精神。从这个意义上来说，荣格是一位医生和精神科医师，他深知心灵和身体紧密相连。

荣格认为自我拥有一些自由的"过剩"能量，可任其支配。这种能量可以被自由意志去使用，这种能量能用来构建文化。大部分人会认为自己的自由意志比实际掌握的要多，因为他们对究竟什么在驱动他们是无意识的。我们如何去使用我们自由意志是非常重要的。所有生物都有某种程度的意识，但是很少的物种能够有能力去用意志抵御它们本能的命令。在这个方面，人类似乎出类拔萃。

斯坦博士同时被问及，社会推崇入世，是否会妨碍自性化呢？他如此作答"是的，因为人格*面具*摈弃了生活和发展的其他可能性，而过多的自由又会带来问题，所以人必须要做出选择，沿着这条路一直走下去。但是过多的自由会出现其他的问题。人们需要去选择一条道路然后遵循它。在传统社会中，这条道路是由社会地位、阶级、性别等等去给定的，从而定义一个人。但在更为开放的社会中 个体有了更多的自由去寻找他们自己的道路。有时会有太多的选择，这实际上是个体无法来考虑作出一个决定，他们停滞不前。自性化需要自性和社会之间某种程度的挣扎和冲突，但是它是需要平衡的。

第五章
自我，心理生活的六分仪
伦纳德·科鲁兹、史蒂夫·布塞尔

自我存在于心理生活的表层。它涵盖了当我们说"我"时的所有内容。

在探索自己的人格时，自我如同是一个六分仪，它是水手用来定位他们船舶的工具。当太阳出来时 六分仪可以通过对比地平线上太阳的位置来测定纬度；等到了晚上，六分仪通过测量天体和地平线之间的角度来确定一个在地球表面上更为完整和精准的定位。同样的，如果不加上更多的从我们夜晚时分，更深处无意识的探索中获得的理解，我们从一个纯粹日性的意识的自省（*自我和人格面具*）获得的理解是不完整的。正如同六分仪无法探测宇宙或深海，以及地表下的区域,自我也不足以去探索集体无意识和个体无意识

心灵中有意识的那部分是我们已知的内容，我们能够容易地辨认出，谈论它们。自我是一个意识实体，掌控着一切进入意识内的东西；它让无意识

材料暂时搁置。那些被自我判定为不可接受、过于情绪化、太痛苦而不能被接受 或者单纯的是与理想（理想自我）不一致的东西都会被意识拒之门外 对立面的两极化也就造成了人格面具和阴影的割裂。

还有一组与自我相关的对立在此值得一提。荣格将*阿尼玛*描述为是男性心灵中的内在女性形象，而阿尼姆斯则是女性心灵中的内在男性形象。这是"与集体无意识相互作用的心理结构，相对应的人格面具是与集体社会世界相互作用。" ref 31 荣格认为了解内心中的那个*异性*形象（对男性来说是*阿尼玛*，对女性来说是*阿尼姆斯* 非常重要。

自性化需要进行对阴影部分的整合，这就打开了通往个体无意识的大门，与*阿尼玛/阿尼姆斯*整合则会打开原型的 集体无意识的大门

那么究竟是什么诱使人以自己的方式从迷雾中挣开，逃离大众的无意识认同呢 …这是通常我们所说的使命感：一个让人注定从群体和陈旧道路中解放的非理性的因素 …任何一个有使命感的个体都听到了内心的声音：他被召唤了。（ref 32

还有一点也需要在此指出 荣格曾用"物极必反" *enantiodromia* 这个词来形容心灵将事物分裂成一组对立面的内在倾向。"我用物极必反这个术语是用来表达经过一定的时间，无意识对立面的出现。这种特有的现象通常会出现在一个极端的片面的趋势统治意识生活的状态下；随后 一个分庭抗礼的强大对立状态将会建立。"有时自我能够"以一个极端的反转状态进入它的对立面" ref 33

约瑟夫康拉德作品《黑暗的心》中的马洛就为我们讲述了一个典型的例子。叙述者详细讲解了主人公库尔兹从一位高贵文明的理想主义者，最终反

转为野蛮疯狂的残暴恶棍的过程，而这些恶人是他先前企图教化的人。

读者可能会注意到 在行文中我们时不时会交叉使用"心灵"和"灵魂"这两个词。这个模式反映出这两个概念非常相近，都能提醒我们在自省时保持谦卑。

第六章
地图、知觉、和统觉
伦纳德·科鲁兹、史蒂夫·布塞尔

地图并非是领土本身（阿尔弗雷德•科日布斯基）

"最近，有人问了我关于心灵地图的问题 我想说的是，这张地图只是一个指南，指导人们走进自己的内在世界，去探寻梦和幻想，情绪起伏与心境，吸引与反感的意义与重要性，以及人从生到衰老、死亡的心理发展过程。我试图通过那本书（1998年出版的《心灵地图》）去帮助人们辨认和命名那些在他们心灵中发生的事情，当他们做梦、想象、对他人产生情绪变化，以及当他们慢慢变老之后的改变" 默瑞•斯坦回应防弹少年团粉丝团的提问

荣格的地图是微妙的且具有暗示性的。那些缺乏细节的地方，它们通过指出到底在哪里可以找到心理宝藏来作为弥补。自性化，整合无意识融入意识的过程如同将铅转化为内心的黄金

"每个人都有内心的黄金。它不是被创造出来的，但是它确实需要被发掘 … 当我们发现生命中另一种可能性的时候，我们通常

先在他人身上看到这一点。 ... 我们把自己内心的黄金投射到了别人身上，突然间我们被这个人充满。【他们】看起来光芒万丈，甚至他（或她）在黑暗中都闪着光。 ...）当我们观察到自己将这些特质赋予他人的时候，我们也看到了自身的深度和意义" ref 34

目前，由于来自韩国的这七位具有深度年轻人（防弹少年团）又掀起了研究人格面具的新思潮 人格面具是通往更深层次与自性相遇的门径。能够意识到人格面具并将它和先前无意识部分整合的人能够打开一扇门，通往更为真实和丰富的生活

在探索内在领域时，我们的唯一能任意使用的工具便是心理生活中的这些元素。用意识来审视整个心灵就像是企图不用镜子来看清自己的脸 你可能可以看到你的鼻子、嘴唇、眉毛、或者是颧骨的一部分，但这些都只是你整张脸的一小部分。

荣格明确区分了"知觉"和"统觉"这两个概念。他认为知觉来自于我们的五感 光子流（光）和声波（听觉）这样的刺激分别到达我们的眼睛和耳朵里。这些器官对刺激做出反应，这就是我们所说的知觉。所以在某种意义上，我们生活在一个充斥着错觉和妄想的虚拟世界里。而统觉包含了对于刺激的解读 即使这看上去只是一个微不足道的点，但这微妙的不同让我们保持谦卑。这提醒着我们，即使最好的地图也并不等同于领土本身。接下来这个例子可能能够帮助我们区分知觉和统觉。

急救车辆发出刺耳的警报声。我们假设声波同时传到两个人的耳朵里 一个人从床上跃起，马上开始穿上防火服 戴好消防头盔后奔向消防栓 而另一个人当他听到警报声时，正开车经过消防站，于是他马上望向四周，体验到一种紧迫感，准备按照法律规定给消防车让道。声音传递到两人的耳朵中是

一种知觉 消防员将警报解读为行动的召唤，于是开始执行一系列经过熟悉演练的常规行动 司机感受到一个非常不同的行动的召唤，他马上找到一个安全的路径去靠边停车。他们的对同一刺激的解释是不同的。他们对刺激的解释也就是统觉。

我们基于先天倾向、生活经历、训练与文化适应的结合形成了不同的统觉。如果上述例子中的消防员和司机都还是个孩子，可能消防员会是那种带着好奇心和想要探索的欲望的靠近嘈杂噪音的人，而司机可能会呈现出一个倾向，想要从新异的，强烈的刺激中撤离。这是否在暗示消防员注定会从事一个冲进大火的职业，而司机注定会逃离吗？这是难以预测的，谁能够说清楚？通过这个例子我想说明两件事情 知觉和对知觉的解读是两码事，我们解读是由我们的生理构造、历史、文化等多重因素而形成的

第七章
突破与中年
伦纳德·科鲁兹、史蒂夫·布塞尔

生活中的破坏性事件能够动摇一个人对"我"这个概念的舒适和熟悉的感知，它为自我打开了一个缺口，让无意识的启迪之光亮能够渗透进来。当从无意识爆发出的这些材料被自我经验为是一个道德威胁的时候，自我会试图去避开这些瞬间

也有这样的时候 无意识想要突破束缚 让我们知道它的存在。通常这些启迪的时刻在生命的动乱中出现，是一场起初不受欢迎的危机。命运总是把人引到他们自我的某个开口处 在此才可以与其他人进行激烈的相互作用。我自己看到自身时仅有一种方式，而会发现跟我很亲密的人会看到一些别的事。在这些时刻中，我们看到会有两股溪流从自我中涌出。

人格*面具*和*阴影*就像是雅努斯 Janus 一样，掌管着自我能接受的知识和不能接受的知识之间的过渡。古罗马神雅努斯掌管开始与结束，门径与过渡。他的半身像通常会呈现两个面孔，望向不同的方向

英格丽•塞尔玛•拉森水彩彩铅纸板画
《雅努斯》1938年作，现收藏于美国
国家美术馆

　　中年是一个过渡期"几乎可以预
见到，人到中年，尤其是经历中年的
心理阈限期 liminality通常用来描述过
渡时期的术语 时 被压抑着的阴影会卷
土重来。伴随着它的回归，人们通常
会描述这样'青春期的'感觉：'我
好像又变成了青少年了'。这可能
是因为抵御无意识的防御结构不再
能控制被压抑的内容涌现出来，或
者因为无意识比起平时蓄积了更强
大的能量，有能力去冲破阻碍，或是两种原因的结
合，此前一直压抑着的冲动、内驱力、幻想、渴求
、希望都会在中年以强大的状态再现" ref 35

水彩画《雅努斯》，托尼格利斯特
http://commons.wikimedia.org/wiki/File:Janus.jpg

　　通往未来的道路是未被命名的，甚至是未知的，而未来本身就是不可预料的，似乎有无数种可能性 其背后是解构和分离的阶段 人格面具和同一性，未来梦想和理想的普遍瓦解。这些都…在中年期…被抛弃。现在道路是不熟悉且模糊的：集体价值观、理想的青春、旧的习惯都不再具有指导意义 同时会产生对选取哪个方向的焦虑的不确定性。人似乎被永远地困在了内在的十字路口，困惑且受折磨。过去作为指导者和建议者的心理功能及和态度所发出的声音日渐衰退，当向它们寻求建议时 它们看起来不再具有那么令人信服。 ref 36

　　荣格本人的中年过渡期也是他生命中一个剧烈的情绪转点，他称其为"直面无意识"（1961 170-199页） 且在他的最主要著作之一——几经编辑和改写的《分析心理学两论》中，他归纳了过渡期的阶段和水平。他所描述的被打破的结构大致等同于艾里克•艾里克森称之为心理社会*同一性*的事物。这伴随着以下两个至今为止一直被压抑之物及其他人格的无意识元素解放：个体总是在抗争和拒绝的和劣势的人格变成了（阴影），及阴影背后的个体总是有充分的理由去否认和逃避其能量的异性"它者"（对女性来说是*阿尼姆斯*，对男性来说是*阿尼玛* ref 37

　　从心灵内部水平（内在）的角度来看，在中年过渡期中的第一阶段中需要分离出去的是我们早期的心理认同，也就是*人格面具* ref 38

　　这一功能模式的转变源于在明确挫败体验所带来的严重危机，尤其当其足够严重并且发生在中年时期这样的关键时刻。

　　接下来，有一个关于同一性"缺口"打开了，在自我和*人格面具*之间，在"现在我感觉我是谁"和"在我自己在过去他人眼中的样子"之间。对两者差异的警视可能会是可怖的。当过去的认同和基于它的梦想已经变得颓败和迷失，自我脆弱性和*阴影*人格，以及对人生支配感和向前扩张的局限性的认识 会突然显现。（... 这个意识显现的时刻对与之前的人格*面具*认同的分离这一目的来说至关重要。如果没有对其的完全理解 自我的固有的防御会让人格*面具*回到原来的状态，极力去恢复对其的认同性，尽管它现在可能看起来有一点虚伪且破败不堪，但考虑到所有的"缺口"，保持原封不动且提供更多的保障总比让其没有人格*面具*直接暴露的好 ...

在中年时，人可能会经历一次关键的挫折，当然，而并没有产生对先前人格*面具*认同的仔细审查和意识化分离过程的"完全停滞"的结果 一想到在面对未来却没有一个熟悉的人格*面具*-相连的同一性时，人会感到害怕，男人或女人会制造其实没有什么不同的错觉。所以他（或她）还会坚持维系原来的模式，甚至在它实际上已经在衰败了 ref 39

在斯坦博士早期的作品中，他曾经说过："情结是那些被消化的经验并重新建构为在内在客体后，仍留在心灵中的事物。分析师试图去揭示情结，让他们暴露在自我的意识反思之中。" ref 40 一旦情结发展，它们会去塑造行为，如同其他物种根据本能所使用的方式 如同本能，我们根本意识不到情结在操纵我们的选择、好恶和行为。不同于本能，它们不是天生的，而是被建构的。

荣格认为情结是"我们梦中的演员，我们无力对抗它们，这些顽童般的情结不受调教。"（荣格，《荣格全集》，第八卷，第202段）情结就像是一位情绪暴躁的人，拒绝自我的指引。情结的核心"实际上由两个部分组成：一个原初创伤的意象和心灵痕迹，另一个则是与之紧密相关的内在（原型 碎片。 ref 41

情结的力量和自我拥有去选择自己的区域的自由是逆函数关系："情结越强大，它们就会越发限制自我选择的自由。" ref 42 需要注意的是，不是所有的情结都来自创伤 荣格认为情结也可能源于当个体面对一个"道德冲突，其根本上源于对自身全面本性完全认识的不可能性" ref 43

"反社会的人指的是那些没有良知和对他人没有同理心的人。当他们偷东西或者伤害他人时，不会产生半分愧疚。通常他们没有在他们的生命中感受过爱与接纳 可能他们的父母总是忽略甚至虐待他们，于是他们也就这样对待自己的孩子。他们可能非常聪明，擅长运用人格*面具*，魅力无边且充满诱惑。但这个面具 *人格面具* 和自私的自我没有内在联系。"

"如同弗洛伊德的精神分析，荣格心理学追求克服压抑，把个体人格中的*阴影*面融入意识中，解构来自于自我作为心灵宇宙那亘古不变高高在上的中心这一认识所带来的束缚。但超越精神分析的是荣格心理学还追求其称之为与集体无意识精神的持续沟通 相较于自我心理学所显示的愿景之外 这是灵魂更深处的水平。这样一个彻底的行动需要付出更多的心理上的努力。它最终目的是在个体和集体水平上认识和整合身体，心理和精神" ref 44

"自性化的召唤驱使我们向前，如果成功的话，则可以将我们从无尽重复的将我们制约的模式陷阱中拯救出来。最根本的是，我们要坚信，无论是个人还是集体，人类都是在意识中不断进化的，同时我们可以参与这个过程，以特殊的方式赋予其能量，只要我们知道该如何做。为了这个目的，尽管我无法提供一个良策，但我希望能提供一些具有辅助性的线索。" ref 45

"自性化的任务就是要把独一无二的人格和原型区分开来，而这种原型通常会取代真实的个体性"ref 46

自性化，"用最简单的方式来说，就是一个提升及发展意识的计划。"这一过程要求建立一个与个体的人格诸多方面的意识化联系，对心灵当中对于最为突出部分不断认同以及受其不断控制过程的逆转

成人的自性化过程大致蕴含两个重要的运动。第一个是要通过严谨的分析来分解无意识。炼金术师会将其称之为分离 *separatio* 即让混合的元素分离。这种分析中的分离包括分解个体对所塑造的形象的认同，包括那些来自于心灵之外的，以现实为的主要来源的内容（比如其他的人和物），以及那些以心灵本身为最重要基础的内容（我们所说的内在形象）。这个去认同的运动会带来一个更加明晰的意识 一面干净的镜子 第二项运动是同时进行的，它需要仔细和持续关注集体无意识中原型意象的涌现，当它们出现在梦境、积极想象和共时性事件中时。这一运动可以给意识功能模式和日常生活带来新的元素。【在此，在日记里记下自己的白日梦和夜晚梦会起到很大的帮助作用。

一方面，自性化要求我们把组成人心灵的错综复杂的各部分动机和各部分的自己都区分开来，让它们变得更加清晰，也就是说，在个体的特征中挣扎，且要与此保持一些距离。另一方面，它也需要允许心灵中新出现的特性进入到意识中，以及将它们整合为一个新的整体。总体来说，这就意味着要带着一定程度的接纳和尊重，拥抱自性的方方面面。荣格心理学提供给大家的一个方法，就是在意识中保持心灵中的矛盾性 与心灵的复杂性达成和解 ref 47

　　"简单来说，自性化的原则即定义了人类的至关重要的方面。在人类需要将自己和周围环境的区分开来时，这就是根本动力。至少在一定程度上来说，这就是自性化，它所创造的能量是赋予人类意识。成为一个人，个体必须要创造出区别和分别。这种动力是人类意识中独有的，成为人本来应当成为的样子，它根植于本性。因此，追寻自性化与人类本性是一致的。这个指向自性化的运动是不可选择的，是无条件的，是不受文化差异的影响。这是一个给定的事物，尽管当然很多人会忽略、压抑它，扭曲自己 以令人费解的方式去避免承认它的存在，其实是出于恐惧，怕成为不随大流的人，或被视为异类。" ref 48

　　如果一个人的本性是独一无二，那么伴随它的会是一股想要变得意识化以及变成与众不同、独一无二的冲动 在实现的过程中，个体需要发现（可能是创造出）复杂性的矛盾，比如心理上的对立面。通过比较这些对立的属性 一方面能够帮助我们形成特殊性和偏好，同时也会让人产生认同对立面其中一方的敏感性。个体可能趋向对立中的一面，且可以远离另一面。这样一来，第一阶段的定义就宣告完成了，自己和它者成为了一组对立面 *阴影*被创造了出来。独一无二的幻觉也出现了，在一段时间内，这是自性化之路中的一步，但它还不是真实之物，因为拥有这些认同了集体性的特质。这还不是个体性。这仍旧需要去涌现。这个认同于集体的阶段，"被描述为在青少年时期的同一性形成" ref 49

第八章
符号与象征
伦纳德·科鲁兹、史蒂夫·布塞尔

荣格强调过，人的直觉是有限的，是通过透镜来看事物的。他区分了知觉和统觉。我们的个人史（包含意识与无意识）与外界文化的影响决定了我们的知觉必须以来的透镜和过滤器的特殊性质

荣格认识到通过符号或象征，知觉以一种强大的方式向我们*再次呈现*。他认为象征是一个无意识交流的基本方式。符号与象征是不同的。象征可以同时表征多种事物，而符号在表达上面更为具有特定性。

符号

举个例子，这是我们喀戎出版社的商标，这是一个符号，它所指代的是一个建立于20世纪80年代，现位于美国北卡罗来纳州阿什维尔市的出版社。它是具有特定性的，如果有其他人想要用这个标志的话，则是损害了这个商标的独特性。

象征

相反，看看黑白色的和平象。它寓意着和平的理念，也纪念了越南战争后期群众的抗议。和平是一个多层次、多方面的概念 所以比起符号来说，象征更加含蓄且具有暗示性

如果把这个符号外部缠上一圈带刺的线的话，它又可以用来表示挣扎，或者甚至是在加固国家边防问题上所做出的努力。与一个符号或象征的相遇通常要比最初的知觉或是语言更为强大，更意义深远。在历史上的某些时期，一个深远且古老的象征会被选择、转变为一个符号。

比如说，这个象征是一个古老的几何图案，三角形位于圆形中间，代表了许多含义，可以是神圣的三位一体，也可以是炼金术传统等等。它和全知之眼一起出现在了美国的货币上 还和玫瑰十字会有关系，所以世人皆知

上面的象征是这个图像的基础，这就是匿名戒酒互助社 Alcoholics Anonymous, AA 的图案。通过在圆圈内深深嵌入三角形的象征，通过将其削减为一个特殊的标记，为了一群特殊同辈人群的互助康复性行动，以支持恢复中的人们，由此象征变成了符号。通过这种方式，象征的神秘性、广度和深度都降低了。

象征源于无意识，在我们探索心灵的过程中，它们是非常有用的工具。荣格认为梦就是无意识内容的象征性表征，其有两种来源 一是我们周围世界的外部源泉（比如我们所知觉到的事物） 以

及无意识心灵世界的内在源泉。为了让内在的无意识的内容变得意识化，梦者将会再次呈现这些象征。这是言语无法表达的！当我们的意识内容和言语不足的时候，我们发现如同象征这样的其他方式是可以传达的。

音乐是最具感染力的体验，我们只需要去看那些为了最流行的乐队而在演唱会上聚集起的人群 可以看到无意识内容得以突破，得以让我们的意识认识它们。事实上，防弹少年团最大的影响是，他们鼓舞了所有的听众及粉丝 因为通过荣格所说的集体潜意识，乐团把自己的音乐与荣格所认为的根植于集体无意识的普世信息结合了起来。艺术、梦中的意象、电影等其他形式都给我们提供了门径，让无意识出现于意识之中。其中一个让我们进入无意识内容的方式就是尊敬和尊重我们的梦和象征性体验。当我们学会去发现这些象征的线索，我们就会发现艺术、音乐、运动、建筑和戏剧都能为无意识材料进入意识的这个突破贡献力量

第九章
你的面孔 你的名字、你自己
伦纳德·科鲁兹、史蒂夫·布塞尔

**在任何一个时期里，用一副面具对自己，
又用另一副面具对别人，且还能分清楚哪一个才是
真实的自己，这一点没人能做到。**
（纳撒尼尔·霍桑《红字》）

我们都是社会生物。现代研究人员发现，一开始人只会发出简单的"喔喔啊啊"的声音，后来在和其他人类的来来回回相互交往中发展出了语言能力。面部识别和分辨则在我们很小的时候开始了，甚至我们所戴的面具也在我们很小的时候就形成了

这些事实都告诉我们，人从出生起就能辨别不同的面孔 ref 50 有些研究表示，婴儿会明显更喜欢和自己同一种族的人，除非他们一直都生活在其他种群的不同面孔之中。也就是说，我们呈现给他人的面貌以及他人对此做出的反映都包括在心理发展的最早期特征中。

当我们与对"我"的感知建立联系的时候，我们的面孔是最为核心的元素之一。我们了解到，那些做过整容手术的人必须准备好会有迷失的体验 当

他们从手术中醒来，在看镜子的时候，会在接下来的一生中看到别人的脸。借助以人体模型和流媒体为基础的虚拟现实技术，研究发现，在回顾过去时，做过整容手术的人难免会经历一段时间的迷茫，就像灵魂出窍一样。可能这些事正突出了我们对"我"的感知是与我们的面孔紧密相连的。

最基本来说，我们照镜子时，光通过视网膜所形成的像就是我们的面孔，这就是知觉。然而我们对于我们所看到事物的解读，则是统觉。如果某天早上起来，我们处于非常绝望状态 我们看到的脸会跟高兴的醒来时看到的脸不太一样。这就是荣格一直在努力阐明的知觉及统觉之间的区别。统觉包含了知觉的所有属性。

我们的面孔与认知密切相连 但我们无法直接看到自己的脸。除了在胶片上以外（即使在镜像中人脸都是倒转的），我们从未真正的像其他人一样看到我们自己。从心理学角度上来说，我们看到的，所知觉到的自己和其他人看到的，所知觉到的是不一样的。自我倾向于去粉饰一切。这导致有大一片的部分关于"我是谁"是隐藏在视线之外的。所以不用惊讶，每个人在自己眼中都有合理的。

除了通过外在形象来辨认出一个人之外，他们过去的经历和名字也使他们得以让大家知道。斯坦博士引用了诗人T.S.艾略特的诗来告诉我们每个人都有三个名字 其中有一个是最私人的，独属于我们自己的。我们每个人的名字都有这样一层，是神秘又难以形容的。这里还有更多可以说的内容 但是我们必须要承认，即使是像名字这样简单直接的事物也有着丰富的内涵、多重的层次。尽管我们可能尚未意识到名字背后隐藏的某些意义。通常未意识到的事物最终都会用一种或另一种方式回归到我们身边。有时这些事情会在命运关头出现荣格曾说过："直到你能让无意识意识化，它将会指引你的人生，人们把这称之为命运"

人们常常会发现，冥冥之中自己无意识中导演了自己人生的悲剧。这在某种程度上是因为 人总是无法客观准确地看清自己的状态，尤其是当我们的状态被包含在无意识中的时候。自我总是无法完整地看清自己。

荣格清楚地意识到人类对于意识的认识是有限的 这并不是说我们要松懈对自己的追问，而是人应该接受一个事实，那就是对于我们的意识，我们始终无法完全客观地对待。斯坦博士发现，荣格经常提到一件事，他认为心理学在观察心灵时 缺乏了一个阿基米德支点 这个阿基米德支点是一个假想点，通过它 观察者可以完全客观地进行观察和知觉所研究的事物

近代物理学向我们证明了观察方式的确可以改变被观察领域 我们也知道了观察者和被观察物是不能分割的。

在荣格职业生涯的后期，他和物理学家沃尔夫冈·泡利成为了好朋友 这一点可能对荣格产生了影响，让他明白绝对客观是根本不可能的，无法通过阿基米德支点来审视自我意识。就像物理中观察方式的改变能够导致研究领域的改变一样，当我们把意识的重点聚焦到我们自己的心灵时，其实也丧失了客观性。

我们受限于自己的偏见。我们看待自身时并非是从外界观点来看待的。可能外人能够更准确告诉我们关于我们心灵的内容，因为他们有一个外部观点可以用来进行比对

第十章
个人无意识和集体无意识
伦纳德•科鲁兹

有些事情处在意识的边缘，很容易取得突破。比如说，有时我会忘了车钥匙放在哪儿了，但稍稍回想就能想起来 这些事情可以证明，有一个在我们当下的意识范围之外的无意识区域，但也并不是完全触不可及的。然而这个无意识的区域很少得可怜

从另一个角度上来说，想要接触到更深层次的无意识区域是非常困难的。它们通常是充满感情色彩、意味深长的。在荣格的早期生涯中，他曾经做过词语联想试验来测量被试对不同词语的情绪反应。他发现，如果某些词与实验对象的创伤回忆相关联时，那么这些词会引发非常强烈的情绪波动。这也是他最初与情结的接触。

他还发现情结会在母女和父子之间共享。文化情结同样会在代际间延续。导致这种现象的原因之一是由于 我们是杰出的模仿者。我们可能会逐渐意识到文化情结对于我们的影响，尤其在和来自不同文化环境的人交往时 大家可能会有不同的反应 因为不同文化环境下的人们所拥有的情结不同。荣格在做词语联想试验时正好也是精神分析学先驱、奥

地利精神病学专家西格蒙德·弗洛伊德提出新观点的时候 弗洛伊德认为心理上的痛苦来源于压抑的具有创伤性的或不可接受的童年记忆。他因为荣格研究所得到的证据而感到很振奋，这恰好证明了无意识的存在对于个人行为的影响。

最终，荣格和弗洛伊德还是分道扬镳，因为荣格对于无意识的理解远远超出了病理学诊断和治疗的范畴 他把无意识视作一个大型贮藏室，里面有我们过去的个人（有时是创伤性的）经历以及由整个人类群体所分享的集体无意识内容。在这个巨大的贮藏室中，会不断出现重复的无意识模式，如同记忆痕迹 engrams ，以母题的形式在童话、神话、艺术、电影等中出现

集体无意识藏在我们心灵中的最深处。虽然放在整个文化中来看，它们的存在是很明显的，但身处其间的人却很难发现集体无意识元素对于我们生活的影响。一部分是因为我们无法把自己和所处的文化分离开来。让一个人去意识到集体无意识对他/她生活的影响就像是让一条鱼去描述在水中生活的感受一样；这就是我们所知的一切。

第十一章
自性化：找到自己的路
伦纳德·科鲁兹、史蒂夫·布塞尔

　　对于那些想开拓自己的未来的人来说，荣格带给他们最好的礼物就是无意识的领域。通过他勇敢的探索，他列出了情结、原型、象征等结构，这些可以帮助那些认真的内心世界的探索者

为了了解内在的风景，即使不情愿，自我也要走过这段历程 每个人都要最终绘出一张自己的心灵地图 这张地图可能会和其他人的有诸多类似之处 但每个人都必须要开始一段高度自性化的旅程，为他们自己而探索心灵的领域。这需要我们从时代和文化、有时甚至是原生家庭的嘈杂中走开，从而聆听个体之路的召唤。荣格将这条对我们每个人来说都是独一无二的路径称之为自性化

　　"意识的行动是有核心意义的；否则我们就会被情结覆盖。我们的内心都藏着一位英雄，他/她要回应自性化的召唤。我们应该忽略外界的杂音，聆听内心的声音。当我们敢于听从它的指导生活，那么我们才能成为人。虽然我们可能会和那些认为了解我们的

人变得陌生，但至少我们再也不会觉得我们
自己是陌生的了 ” ref 51

防弹少年团发起了一场名为"爱自己"的活动 他们
鼓励粉丝不要把自己拿来和别人进行比较，要找到
自己真正想要的去做的事情，且做成你自己的样子
，同时通过阅读来发现自己 防弹少年团为粉丝提供
了绘制个人心灵地图的方法。美国荣格心理学分析
学家詹姆斯·霍利斯，认为："自性化的悖论就是
充分地从内在发展自己是亲密感的最好来源，而不
是依靠他人。" ref 52

荣格写到 "最终到底是什么驱使一个人走上自己的
道路，从对集体的无意识认同中跳出，正如同从茫
茫雾霭中走出？（...）这是通常我们所说的使命感
：一个让人注定从群体和陈旧道路中解放的非理性
的因素。...任何一个有使命感的个体都听到了内心
之人的声音：他被召唤了。 ref 53

第十二章
情结
默瑞·斯坦

荣格心理学中核心元素就是*情结* 情结是一个关于知觉、情绪和记忆的无意识模式，它围绕着一个共同的主题或者原型来形成。在荣格事业早期，他通过实验去探寻对词语的情绪反应。他发现有一些词语会与强烈的情绪反应相联系。他的实验参与者能够叙述出一组能激起反应的词，这些词是与有着强烈情绪反应的记忆，通常是创伤记忆相关的。这个发现说服了这位年轻的精神病学家，他确定正是无意识的力量在起作用。所以他得出结论，认为在心灵中存在着包含了记忆、知觉、能量的*情结*。在荣格的职业生涯中，他对于*情结*所扮演的核心角色的认识没有太大的改变。*情结*如同心灵的积木。因为情结以具有自主性的方式运作，它们会容易扰乱个人意志的实现 *情结*同时也会扭曲情绪和记忆。

在荣格对此领域的研究做出贡献之前，也有其他人曾研究过*情结*。弗洛伊德和他的追随者们推广了俄狄浦斯情结和自卑情结两个概念，但荣格研究得更深入。他认为，我们的人格是由诸多的情结组成的，就像是半自动的、小小的次级人格一样去进行运作。一些情结可能会更为根植于个人无意识中，然而另一些情结可能会更为根植于集体无意识中。

*情结*对个人会产生非常大的影响 它们聚集强大的力量，成为我们*回忆 梦境*和反思的储藏室。那么个人该如何控制*情结*所带来的影响呢？

首先，心理治疗和分析试图去解开情结对我们施加的控制。由于无意识的元素突破意识，我们也在无意识材料的个体和集体无意识水平上去修通。人们就可以开始建构他们自己的*心灵地图*了。这通常地图于我们隐约意识到人格面具之时开始变得明晰。这一探寻，这一通往自性化之路的御道最好需要以某种程度的无畏和大量的自爱来面对

我们必须不能忘记这个事实，即在一生中，我们会持续给*情结*添砖加瓦。通过*情结*的透镜，我们与回忆、知觉和经历相遇。而在"顿悟"的时刻，所有与*情结*相关的材料会放置一旁，超越性的部分将会出现。这将会成为转化的经验 尤其在我们花了很多时间去准备与灵魂的相遇的情况下。但是，寻常的意识会不可避免的回归，挣扎着认识到*情结*对我们的影响将会继续 尽管心理治疗或分析希望能够将无意识材料带入意识之光 然而自我与*人格面具*的同盟被认为是这一努力令人畏惧的对手。

某些人可能以为自己永远摆脱了个人和集体*情结*的影响，其实是生活在幻觉之中，个人和集体的*情结 原型*和文化的影响，并不可能简单的一劳永逸地摆脱。任何人若成为了这种愚蠢想法的受害者，可以说是陷入了*膨胀 inflation*），这是一种非常不健康，甚至可以说是很危险的心理状态，在此个体的自我认同于更大的自性，而自性是我们意识和无意识心灵的总和。

最近我被问起并思考一些问题，关于阿兹海默症等慢性神经退化性疾病和重复脑部撞击所引起的慢性创伤性脑病变对于*情结*的影响。我推测，即使人失去了或被抹除了记忆，无意识中的*情结*仍会起作用，这些会导致一些不理智的举动发生。在这种情况下，由记忆支撑着的理性心智会被削弱甚至完全消失，而本能的和不理性的心智仍然存在。当然，这只是我关于这种疾病过程对*情结*影响的猜测。

第十三章
爱你自己、了解你的名字、表达你自己
伦纳德·科鲁兹

　　自性化的过程是指和出现的内在形象的沟通和做朋友。运用积极想象（一种与内在形象的对话的训练）、绘画、其他创造性艺术形式、沙盘游戏和写日记都有助于把无意识变为意识

展示个体真实的自己可能会感到难以想象的危险。这存在被拒绝、排斥，甚至被驱逐的风险的 任何一个我们努力去适应社会风险的妥协，都是对我们真实自己的背离。一个人所戴的面具与其做出的适应是相一致的。如果一个人过度认同他所佩戴的面具，那么他将会远离心灵中真实的部分。如果幸运的话 这个人的人格面具会开始解体

在电影《蜘蛛侠3 中，主角接触了一种物质，这种物质跟随流星来到地球。这种物质具有某种共生性质 它引出了蜘蛛侠的黑暗面。它引出了他的阴影面。身着黑色蜘蛛侠的制服，这个阴影蜘蛛侠四处报复，肆意地使用暴力，甚至大开杀戒。戏剧的高潮发生在身为凡人也作为蜘蛛侠的彼得帕克与他的阴

影面相遇之时。当他能够应对他的黑暗面时，真正的胜利得以获得。

如果你强烈的认同一个人格*面具*一段时间之后，你只能感受到这个人格*面具*允许你感受到的内容。在某些情况下，它能给你力量，使人忽略那些扰人的情绪或攻击，但它也会阻碍你用最原初的方式进行思考。人格*面具*会限制人的思考和感受，尤其是当面具太紧地贴在演员的脸上时他或她可能在某种特定的情况下是一个好演员，但当情境改变的时候，他们将会脱节，面具不再能很好地融入

当人格*面具*开始解体时，自性化进程就开始加速了人格*面具*是一个必要的心理元素，它的解体可能会让人感受到威胁但要记住：把真实本性藏在面具人格*面具*后会产生潜在的恶性影响。人格*面具*解体可以催化自性化的进程

请记得：精神生活中的一切都是整个*自身 self*的一部分。想做到真正的爱自己就要爱**全部**的*自己*。如果你只爱你的自我，你会错失掉"你是谁"作为一个整体的不可思议。同时这会让你不太能去爱世界。你无法爱甚至是蔑视的自己会投射投射到他人身上在极端情况下这会激起你对世界、对他人的憎恨残忍恶毒的人很少是能正确认识自己的。这会让我想到，泰勒斯威夫特的歌《放下吧》中有一句很受欢迎的词：心怀仇恨的人会一直恨下去。

就像防弹少年团的金南俊在联合国致辞时所说的那样："爱你自己，爱这个世界，知道你的名字。"

"所以，我们可以更进一步。我们已经学会了去爱我们自己，所以现在我希望你能去表达自己你的名字是什么？是什么让你兴奋让你充满生机

请告诉我你的故事我想听到你们的声音，听到你们的信仰。无论你是谁，无论你来自哪里，无论你

是什么肤色，无论你认同什么性别：请为你自己发声 发现你的名字，通过表达你自己来找到你的声音。

我是金南俊，也是防弹少年团的RM，是一位说唱偶像，也是一名来自韩国小镇的艺术家。"

我想回到斯坦博士所引用的T.S.艾略特的诗《猫的命名》。我们那个被赋予的名字深植于我们内在，绝大多数人都是通过这个名字来认识我们的。这是伴随我们成长，对我们影响最为深远的名字 渐渐地，我们会将"我 I"和被赋予的名字联系在一起。即使改名会让一个人脱离其被赋予的名字，但是这个人对"我"的理解也不会有很大改变，且仍然还是有一些人是通过我们以往被赋予的名字来认识我们 比如说，在23岁时，我遇到了我的妻子，她开始叫我莱恩（Len 这取代了我被赋予的名字莱纳德 Leonard 或昵称莱尼 Leonny 但对于那些在我遇到我妻子之前所认识的人来说 我的名字还是没变。

还有一个只有我们亲近的人才知道的名字。一般是昵称或者像宝贝甜心这类的爱称。即使这个名字是欺负你的人起的，这其中也需要一定程度的亲密感才行。如果普通同事像伴侣一样用爱称称呼我们，我们一定会觉得吃惊或者慌乱。这也表明了我们的第二个名字其实只适用于一小群人，也就是我们内部圈子里的熟人。随着时间流逝，我们会逐渐成为第二个名字。第一次你的女友叫你"亲爱的"，而在婚后几十年共同经历过无数悲欢之后，她说出同样的称呼 可能会产生不同的效果。

最后，我们还有一个只有自己才知道的名字。这个名字是关于自己最私密的反思 唯有处于阈限或边界领域的时候 这个名字才会被呼唤 发出对这个名字呼唤的声音通常来自于它者 来自于短暂出现与荣格

相遇的费乐蒙般的形象 以及从深处呼唤我们的共时性时刻

当我们进入超凡的领域 甚至非生物也能用一种万物皆有的声音和我们进行对话。有一些人认为深度之灵正是来自于岩石，树木，书籍，或是乐曲

我爱读书，经常会觉得书在跟我对话。我的女儿是攀岩爱好者，我曾看到她和石墙说话。我还有个女儿热爱舞蹈，她在跳舞或者听音乐的时候也会获得深刻的印象

金南俊鼓励粉丝要"了解你的名字" 这也是每个人所面临的挑战。

人内心深处的名字只有自己知道，且有时 即使我们努力寻找也不知其所踪。由于我们大部分时间是处于无意识的状态，这就需要一生的时间，艰辛的努力去将其揭示并整合入意识。

正统派犹太教人一直在竭力避免写出或说出上帝真正的名字。在需要说出耶和华 YAHWEH 的时候，他们会用四字神名YHWH替代，这体现了他们对上帝深刻的敬畏之心，也认识到用上帝的全名会消弱上帝。希波的奥古斯丁曾说："如果你能理解的话，那这就不是上帝了。"所以可能我们的第三个名字更贴近犹太人虔诚的称呼上帝的方式，通过省去了名字中的元音，让象征得以保留

为了到达可以找到我们真正名字的所在之处，我们必须摆脱教养给我们带来的影响。我们必须摆脱由无数次的伤痛带来的恐惧和谨慎。我们必须抛开犯错所带来的羞耻。最重要的是，我们必须认识到文化带给我们的束缚，并从这种枷锁中解放 这些能够完成这最终任务的人将能够准备更好 去尊重我们所共有的人性。如果你希望能活的更为真实，那么你必须去寻找你最深处、最真实的名字。

后记
默瑞·斯坦

现在一切都要靠人类了（荣格《答约伯》第675段）

　　我第一次知道防弹少年团对我的作品感兴趣，是因为苏黎世的分析心理学国际学院 International School of Analytical Psychology）的一位日本学生告诉我的。我惊喜地发现防弹少年团的网站上推荐了我此前的著作 荣格心灵地图》 后来当这位日本学生又告诉我，防弹少年团的新专辑被命名为《心灵地图：人格面具》时，我感到很惊讶。这启发我写了一本同样标题的小书，介绍几十年来我研究的诸多概念。我花了一段时间才适应了这个想法。我仍然不知道这样做意味着什么，但是我相信向他人介绍荣格给我们留下的深刻见解是非常有帮助的。荣格的思想在年轻人中受到欢迎使我尤为欣喜。如果年轻人能认真研究这些主题，能够关注更为真实的生活，关爱自己，并且由此而创造一个更有爱的世界，是一件令人兴奋的事。

我已经开始聆听和研究防弹少年团此前的一些作品。他们令我十分触动。这是一群严肃而有想法的年轻人，并且投身于一项崇高的事业：意识觉醒，制止暴行，鼓励对自我的接纳，以及对在世界各地造成困扰，尤其是年轻人之中发生的自杀的问题进行抗争。他们宣称生活是值得我们为之努力的。我非常赞同这一点。《心灵地图：人格面具》这本书也许能为他们所做的这些事提供一些帮助。

防弹少年团传递出一种讯息。很多流行音乐艺人也会传递信息，但那些可能更多地是关于发泄和愤怒的 防弹少年团传达的却是关于意识、心理认同、爱这类积极的心理发展的声音。他们的粉丝群体也付出了很多努力，十分值得敬佩。

防弹少年团把《德米安》、《离开欧麦拉城的人》、《你的心，是最强大的魔法》这几本书都融入在歌曲的创作中，他们充满着象征主义的表达深深吸引了我 他们能够从一部文学作品中吸取灵感，创作出属于自己的音乐作品，这相当了不起 令防弹少年团粉丝们可能感兴趣的是 荣格先生喜爱雕刻，曾建造了一座塔楼并且在那里修养，他还创作过一部《红书》，其中收藏了他惊人的手绘彩板画和书法。这通常都是心灵具备深刻性和灵活性来进行创造的标志，甚至能够在多个不同领域进行创作

我不知道看一场防弹少年团的演唱会是否能够帮我更好的理解为什么他们具有如此巨大的影响力。我猜他们在很多层面上与粉丝在沟通，有些是非理性的，而他们能以一些我们无法解释的方式吸引关注。我们唯有反思影响我们的象征，并试图理解它们如何触动了我们。

在当今世界，荣格仍然很重要，甚至可以说是前所未有的重要。荣格理论的价值日与俱增，当人们在用新方法验证和运用他们的时候 同时，现在荣格心理分析师的学习小组和受训项目遍布全世界。例如，在20世纪60年代中期，韩国的Bou-Yong Rhi教授

将他在瑞士苏黎世的所学引入韩国 他翻译了多本荣格著作，并且在大学任教培训新的心理分析师，以此向韩国民众普及荣格思想

荣格心理学的影响范围在持续扩大，尤其是那些在1990年冷战结束之前从未接触过荣格思想的地区，发展的势头更为迅猛。自荣格所处的时代以来 成百上千位学者为分析心理学领域做出了贡献，各种语言的荣格研究相关著作也不断问世。我很高兴地说，在本世纪以及更远的未来，荣格心理学的前途将会非常光明 ref 54

"当个体成为一个优秀公民、一个孝顺的儿子或女儿 一个虔诚的教徒、努力的学生、忠诚的爱国者、一个可靠的员工、忠诚的伴侣、尽职的父母，或是具有职业素养的专家的时候，人们确信他们可以信任这样一个人并因此而心怀敬意 这些人为家庭、社会群体、国家乃至全人类发声，却不为他们自己发声。如果个体形成了这样坚实而稳定的人格*面具*，而没有意识到其真正的个体性，这种个体性仍然是尚未被发现的，那么就个体就成为了他们所认同的集体态度的代言人。这在某种程度上对一个人是有力的，因为毕竟每个人都必须适应社会和文化；因为一个构建良好的人格*面具*对生存的实际需要和社会成就而言是一个巨大的优势。这显然不是自性化的目标。这只是自性化过程开始的阶段性节点。

创造一张精美而功效卓越的人格*面具*并非易事，因此人们想要保持这一状态是可以理解的。一方面认同构成人格*面具*的个人要素是自性化的障碍，另一方面认同集体无意识中的原型特征是另一个问题，可能甚至是更难（因为更微妙）克服的障碍。"（ref 55

马里奥·亚考毕 一位著名的荣格心理分析师曾写道：" 强大的自我是通过灵活的人格*面具*和外部世界

进行连接的 而认同某种特殊的人格面具 医生、学者、艺术家等）会阻碍心理的发展 "

默瑞·斯坦，写于2019年